그래, 수고했어 : 이제야 나를 이해하려 합니다

이제야 나를 이해하려 합니다

그래,
수고했어

추천사

  저자의 글은 나에게 지식을 더하고 지혜의 문을 열어줄 뿐 아니라 새로운 세상을 보고 새로운 문을 열어주는 좋은 글이었습니다. 많은 사람이 이 책을 통하여 영감을 얻고 새로운 미래의 문을 열 수 있기를 희망합니다.

-오성춘 (전 장로회 신학대학교 상담학 교수)

  우리는 지금 다양하고 복잡한 관계 속에서 우여곡절의 삶을 살며 그 안에 상처로 인한 아픔, 분노, 괴로움, 불안, 슬픔으로 답답한 삶을 지속하고 있다. 이런 우리에게 최정화 박사의 이 책은 무더운 여름날 얼음냉수와 같은 시원함을 경험하는 온전한 치유와 회복을 가져다주는 훌륭한 가교가 될 것을 확신한다.

-임상필 (영적 지도 전문가)

상담학 박사이자 여성 목회자인 저자는 어릴 적 어머니와의 관계, 가부장적 사회에서 겪은 여성들의 내면 감정을 셀프 상담으로 치유한 경험을 진솔하게 나눕니다. 이 책은 상처와 아픔 속에 있는 독자들이 자신을 직면하고 트라우마를 극복하여 건강한 자아를 회복하도록 돕습니다. 특히 실제 상담 사례와 적용 과정은 개인의 치유와, 다른 이를 돌보는 이들에게도 훌륭한 지침서가 될 것을 기대합니다.

-김예식 (예심교회 원로 목사, 한국목회상담협회 감독)

딸, 아내, 엄마, 사회인 등 여러 역할 속에 잊혔던 '나'를 찾아주는 이 책은, 묻어둔 감정들을 꺼내 스스로를 돌보고 이해하도록 돕습니다. 작가의 따뜻한 위로와 함께하는 이 여정 끝에 독자들은 "그래, 수고했어"라고 스스로에게 말하며 따뜻한 숨결을 되찾을 것입니다.

-박기철 (분당제일교회 원로목사, 원이너프 선교회 대표)

프롤로그

　당신은 지금까지 참 많은 역할을 감당해 오셨습니다. 가족 안에서, 사회 안에서, 그리고 자신의 마음 안에서 늘 누군가의 기대를 먼저 헤아리며 자신을 뒤로 미뤄두는 삶을 살아오셨지요.

　울고 싶어도 눈물을 삼키고, 쉬고 싶어도 "조금만 더"를 반복하며 "괜찮다"고 말해오신 그 모든 순간들 속에서 당신은 얼마나 외롭고 지치셨을까요. 이 책은 그런 우리들의 이야기입니다.

　특별하지 않은 것 같지만, 사실은 아주 특별한 K-장녀로 살아온 한 사람의 내밀한 고백이며, 완벽하지 않아도 괜찮다는, 치유는 지금 이 순간에도 계속되고 있다는 작은 확신의 기록입니다.

쓰는 내내 제 안의 오래된 기억과 마주했고, 잊은 줄 알았던 감정들이 다시 고개를 들었습니다. 하지만 그 모든 시간들이 결국 저를 이 자리에 데려다 주었습니다. 조금씩 저를 이해하게 되었고, 조금 더 저를 사랑할 수 있게 되었습니다.

지금 이 글을 읽고 계신 당신께 조심스레 건넵니다. 혹시 이 이야기 속에서 당신 자신의 마음을 발견하신다면 스스로에게 이렇게 말씀해 주십시오.

"그래, 수고했어."

정말 잘 견뎌오셨어요. 이제는 당신 자신도 안아주셔야 할 시간으로 당신을 초대합니다.

작가 최정화

목차

추천사_4
프롤로그_6

1부
나는 왜 상처받는가?

감정을 숨긴 채 살아오신 당신께_14
울면 지는 줄 알았던 어린 시절_16
"괜찮아"라는 말의 가면_19
내 안의 분노와 수치, 어떻게 다룰까_22
내가 왜 이런 감정을 느끼는지 모르겠어요_25
타인의 시선을 너무 의식해요_30
나는 정말 사랑받을 수 있는 사람일까_33
불편한 감정을 피하지 않고 바라보는 연습_36
나는 왜 사람에게 쉽게 지칠까_40
나를 위로하는 방법을 배우는 중_44

2부
관계의 언어를 다시 배우다

'듣는 법'을 다시 배운다는 것_54

말보다 먼저 들여다봐야 할 것들_59

그 말, 진짜 감정은 무엇인가요?_63

공감은 기술이자 선택이다_67

나는 왜 내 감정을 말하기 어려울까?_70

가족과는 말이 안 통해요_74

갈등 앞에서 도망치지 않는 연습_79

경계는 이기심이 아니라 존중입니다_84

사소한 말 한마디가 관계를 바꾼다_88

우리는 연결되기를 원한다_93

3부
엄마를 다시 만나다
—

엄마도 한때는 딸이었다_106

그 시절엔 말할 수 없던 감정들_111

사랑하지만 표현은 서툴렀던 사람_115

모녀 사이에 흐르는 감정의 유전자_119

엄마는 왜 늘 불안했을까_123

그날, 엄마에게 화를 냈던 이유_127

'내 딸은 나처럼은 안 되게'라는 말의 무게_130

엄마의 삶을 바라보는 눈이 달라졌다_133

사과하지 않아도 용서할 수 있을까?_137

엄마를 이해한다는 건 결국 나를 이해하는 일_141

4부
내 인생을 내 목소리로 말하기
—

침묵의 무게, 그 속에 감춰진 나의 목소리_155
소리 내기 시작: 두려움 속의 첫 발성_159
나의 언어 찾기: 감정과 경험을 이름 붙이기_162
명료화하기: 나를 둘러싼 이야기 다시 쓰기_167
관계 속에서 나를 재발견하다_170
선택의 힘: 나에게 권한을 돌려주다_174
일상 속 저항: 작은 실천으로 삶을 바꾸다_177
건강한 나를 돌보기_181
지속가능한 변화: 연대와 연결 속에서 살아가기_186
다시 쓴 나의 이야기_192

마무리하며_206

1부
나는 왜 상처받는가?

—

K-장녀로서의 나,
어머니와의 관계,
억눌린 감정들과의 첫 직면

감정을 숨긴 채 살아오신 당신께

> "우리의 감정은 지혜로 향하는 가장 진실한 길입니다. 감정은 혼란스럽고, 때로는 고통스럽고, 때로는 모순되기도 하지만, 우리 깊은 내면에서 올라오는 것입니다. 우리는 그 감정에 귀를 기울여야 합니다… 새로운 통찰은 바로 거기서 시작됩니다."
> – 오드르 로드(Audre Lorde, 미국 시인, 수필가, 교수)

한 사람의 마음에는 말로 다 꺼내지 못한 이야기들이 있습니다. 특히 한국 사회에서 '괜찮은 사람'으로 살아오신 분들이 그렇습니다. 감정을 드러내기보다, 누군가를 먼저 배려하고, 자신의 슬픔이나 분노는 묵묵히 삼키며 걸어오신 분들 말입니다.

어쩌면 이런 말씀을 들으신 적도 있으실 겁니다.

"표정이 늘 평온하시네요."
"감정 기복이 거의 없으세요."

그 말은 칭찬처럼 들렸고, 실제로도 그게 좋은 줄 알았습니다. 하지만 지금 생각해보면, 그 평온한 얼굴 뒤에 얼마나 많은 감정들이 눌려 있었을지, 얼마나 자주 속으로만 울고 또 다독이며 지내오셨을지 감히 짐작하게 됩니다.

어릴 적부터 배우며 살아오신 삶의 방식-"울면 안 돼", "화를 내면 미운 사람 돼", "참아야 한다"-그 말들이 몸에 밴 채로, 지금껏 많은 역할과 책임을 감당해 오셨지요. 그런데요, 이제는 조금 달라져도 괜찮습니다.

지금껏 감정을 억누르고, 때로는 속상한 마음조차 표현하지 못했던 그 모든 시간은 결코 헛되지 않았으며, 오히려 당신의 삶이 얼마나 성숙했는지를 보여주는 증거입니다. 이제는 그 마음을 조금씩 풀어내도 좋을 때입니다.

"나도 힘들었다"는 말, "사실은 외로웠다"는 고백, 그리고 "이제는 나 자신도 돌보고 싶다"는 작은 소망까지-그 어떤 감정도 부끄럽지 않고, 모두 다 존중받아 마땅한 이야기입니다.

- 현재: "당신은 어떠신가요?"
- 개선: 그렇게 하고 계신가요? 답:＿＿＿＿＿＿

# 울면 지는 줄 알았던 어린 시절
- 감정을 무시해온 성장 과정

> "마음은, 입을 막았다고 조용해지는 법이 없다.
> 감정은 눌러둘수록 더 깊은 곳에서 울음이 된다.
> 침묵은 때로, 가장 시끄러운 외침이다."
> — 김소연 시인, 『눈물이라는 뼈』 중에서

어릴 때, 혹시 이런 말을 자주 들으셨나요?

"그깟 일로 울면 못 써."
"너까지 울면 어른들은 누가 위로하니?"
"강한 사람이 돼야 해."

그 말들이 단단해지라는 격려였을지도 모릅니다. 하지만 그 말들이 당신의 눈물을 막고, 마음의 문을 닫게 만들었다면 그건 분명 우리가 다시 들여다봐야 할 이야기입니다.

당신은 아마 일찍 철든 아이였을 겁니다. 말수가 적고, 눈치를 잘 보고, 울기보단 꾹 참는 아이. 가족 안에서 생기는 갈등이나 어려움을 정리해주는 역할을 어느샌가 자연스럽게 떠맡게 되었지요. 감정은 '표현하는 것'이 아니라 '참는 것'이라 배운 우리는 울고 싶을 때 웃는 법을 배웠고, 속상할 때는 아무렇지 않은 척하는 방법을 익혔습니다.

그렇게 우리는 어느덧 '감정을 무시하는 법'을 가장 잘 아는 어른이 되어버렸습니다. 하지만 감정은 무시한다고 사라지지 않습니다. 표현되지 못한 감정은 몸 어딘가에, 마음 한편에 차곡차곡 쌓여서 나중에 예기치 않은 순간에 불쑥 터져 나오곤 하지요.

그게 바로 우리가 갑자기 눈물부터 나는 이유이고, 사소한 말에도 이유 없이 욱하고 반응하는 이유입니다. K-장녀로 자라온 많은 분들이 감정을 '조절하는 것'과 '억누르는 것'을 혼동한 채 살아왔습니다.

'나는 감정을 잘 다스리는 사람이야'라고 믿지만, 사실은 그 감정들을 꺼내놓는 방법을 잊은 것뿐입니다. 이제는 그 감정들을 조금씩 꺼내놓을 때입니다. 너무 늦지 않았습니다. 우리가 어릴 때는 아무도 그런 방법을 가르쳐주지 않았지만, 지금은 배울 수 있습니다.

감정을 솔직하게 인정하고, '그때 나는 외로웠어', '그 상황이 무서웠어'라고 말해줄 수 있는 내가 되는 것. 그게 바로 회복의 시작입니다. 울면 지는 게 아니었습니다. 오히려, 감정을 인정할 수 있는 사람이 진짜로 강한 사람이었습니다.

당신은 이제 울어도 되는 사람입니다. 아니, 오히려 울 수 있어야 더 단단해지는 사람입니다.

조용히 되뇌어 봅니다.

"그때 그 아이는 울 자격이 있었어."

그리고,

"지금의 나는, 그 아이의 편이 되어줄 수 있어."

- 현재: 나는 최근, 어떤 감정을 외면하거나 삼킨 적이 있었나요?
- 개선: 앞으로는 그런 감정이 올라올 때, 어떻게 나 자신을 따뜻하게 보듬을 수 있을까요?

"괜찮아"라는 말의 가면
- 진짜 감정을 느끼는 법

> "'괜찮아'라는 말 뒤엔, 말하지 못한 마음들이 숨어 있다. 괜찮지 않다는 고백이 진짜 회복의 시작이다."
> —브레네 브라운, 『마음 가면을 벗다』 중에서

"괜찮아." 이 짧은 말 안에 우리는 얼마나 많은 감정을 감추며 살아왔을까요? 정말 괜찮아서였을까요? 아니면 누구에게 설명하자니 너무 길고, 말하는 순간 울 것 같아서 그저 한마디 "괜찮아"로 덮어버렸던 건 아닐까요?

그 말 뒤엔 '나도 사실 힘들어', '이건 참아야 해', '다 지나갈 거야' 하는 수많은 감정이 눌려 있었습니다. 하지만 너무 오랫동안 괜찮은 척만 하고 살다 보면, 진짜 내 마음이 뭔지 이제는 나조차도 잘 모를 때가 있습니다. 많은 K-장녀들이 그렇습니다.

가족의 분위기를 먼저 살피고, 엄마의 감정, 아버지의 기분, 동생의 요구를 챙기느라 정작 '내 감정'은 늘 마지막이었습니다. 슬픔, 분노, 서운함 같은 감정은 사치처럼 느껴졌고, 그럴 여유조차 없던 삶을 살아냈습니다.

그러다 보니 정말 마음이 아플 때도 "괜찮아요" "다 좋아요" 하는 말들이 자동처럼 튀어나옵니다. 그 말들은 누군가를 안심시키기 위한 말이기도 했지만, 사실은 내 마음의 문을 잠그는 또 하나의 자물쇠였습니다.

이제는 그 가면을 조금 벗어봐도 괜찮습니다. 감정을 느끼는 건 약한 게 아닙니다. 오히려 내 마음을 다시 만나는, 가장 진솔하고 용기 있는 행위입니다. "괜찮지 않아"라고 말할 수 있는 연습부터 조금씩 해봐도 좋습니다.

오늘 하루 마음이 무겁다면, 그 무게를 그대로 느끼는 것도 하나의 용기입니다. 억지로 털고 일어서는 게 아니라 그 감정을 충분히 앉아서 바라볼 수 있을 때, 비로소 우리는 자기 마음의 주인이 됩니다.

감정을 느끼는 법은, 처음엔 낯설고 어색하지만 곧 나를 안아주는 방법이기도 합니다. 그 감정 속에서 나는 얼마나 애쓰며 버텨왔는지를 알아차릴 수 있으니까요. 그러니 오늘 하루, 누군가 물어보면 이렇게 답해보는 건 어떨까요?

"사실 오늘은 좀 힘들어요."
"괜찮아지려고 노력 중이에요."
"나도 내 마음을 좀 들여다보려고요."

그 말 속에 담긴 진짜 당신의 감정은, 그 자체로 충분히 소중하고 아름답습니다.

- 현재: 나는 오늘 어떤 감정을 느끼고 있었나요? 그 감정을 적절하게 표현 하셨나요?
- 개선: 다음에 비슷한 감정이 올라온다면, 나 자신에게 어떤 말을 먼저 해주고 싶나요?

내 안의 분노와 수치, 어떻게 다룰까
- 감정 회피에서 감정 인식으로

> "감정은 눌러둘 수는 있어도, 사라지지 않는다.
> 억눌린 분노는 결국 다른 방식으로 얼굴을 드러
> 낸다."
>
> — 작자 미상, 〈창작 인용문〉

어릴 적, 분노는 참으면 되는 줄 알았습니다. 수치는 숨겨야 되는 줄 알았고요. 그래서 우리는 많은 순간, 그 감정들을 애써 외면하고 눌러두며 살아왔습니다. 그렇게 안 보면 사라질 거라 믿으면서요. 하지만 감정은 그렇게 사라지지 않더군요. 억눌린 감정은 모습만 바꿔 몸의 긴장으로, 밤잠을 뒤척이는 불면으로, 혹은 예상치 못한 말투와 표정으로 조용히 스며 나옵니다.

K-장녀였던 당신은, 누군가의 기분을 대신 짊어지며 '착한 아이' 역할을 해냈습니다. 그 안에서 "나 억울해", "왜 나만 이

래야 해"라는 분노는 마음 깊은 곳에 접어두었을지도 모릅니다. 수치심은 또 다른 방식으로 우리를 조용히 무너뜨립니다.

"내가 뭘 잘못했지?"
"내가 부족한 사람이라서 그런가?"

이런 생각들이 꼬리에 꼬리를 물며 자존감을 갉아먹기도 하죠. 그런데 그 감정들이 결코 부끄러운 게 아니라는 사실, 혹시 알고 계셨나요? 분노는 나의 경계를 지켜 주는 감정이고, 수치는 내 상처를 알려주는 신호입니다.

이 감정들을 억누르기보다 "나는 지금 화가 나고 있어", "나는 지금 부끄럽고 작아졌어"라고 이름 붙여주는 순간, 그 감정들은 더 이상 나를 휘두르지 못합니다. 감정을 회피하지 않고 정직하게 인식하는 것, 그것이 치유의 시작입니다.

처음엔 그 감정이 너무 커서 감당하기 어려울 수도 있습니다. 그럴 땐 감정을 마주할 수 있는 안전한 사람, 혹은 공간이 필요합니다. 친구 한 사람, 상담실, 혹은 조용한 나만의 글쓰기 시간도 괜찮습니다. 무엇보다 중요한 건 "이 감정을 느껴도 괜찮아"라고 스스로를 허락하는 일입니다.

당신 안의 분노도, 당신이 감추고 싶었던 수치도, 모두가 당신의 일부입니다. 그 감정까지도 인정해주는 용기, 그것이 진짜 자기 자신을 사랑하는 첫걸음이 됩니다. 오늘, 그 감정들과 잠깐이라도 마주 앉아 대화를 나눠보세요.

"그래, 네가 있었구나."
"그동안 말 못 해서 많이 힘들었겠다."

그렇게 말해주는 순간, 그 감정은 조금은 따뜻하게 가라앉을지도 모릅니다.

- 현재: 나는 최근 어떤 감정과 거리를 두고 있었나요?
- 개선: 오늘 그 감정에게 따뜻하게 말을 건넨다면, 어떤 말부터 해주고 싶으신가요?

내가 왜 이런 감정을 느끼는지 모르겠어요
- 감정의 뿌리를 찾는 여정

> "우리가 느끼는 감정은 단지 그 순간의 반응이 아니라, 오랜 시간 내면에 쌓여온 기억의 메아리다."
>
> – 수전 데이비드, 『감정 민첩성』 중에서

"제가 왜 이렇게 화가 나는지 모르겠어요."
"괜찮은 줄 알았는데, 갑자기 서러워져서 눈물이 나요."

많은 사람들이 상담실에서 처음 꺼내는 말입니다. 그리고 저 역시, 그랬습니다. 마음이 요동칠 때 우리는 흔히 당황합니다. 분명 큰일이 없었는데, 이상하게 마음이 무겁고 작은 말 한 마디에 과하게 반응하게 될 때, "왜 이러지?" 하는 생각이 들지요.

하지만 그런 감정에는 대부분 이유가 있습니다. 다만, 그 이유가 '지금 이 순간'이 아니라 훨씬 오래된 시간 속에 숨어 있을 뿐이지요. K-장녀로 자란 당신은 어릴 적부터 감정을 표현하는 법보다는 억누르는 법을 먼저 배웠을지도 모릅니다.

"울지 마, 참아야지."
"그 정도는 네가 이해해야지."

이런 말들 사이에서 감정의 뿌리는 천천히 땅속으로 내려갔습니다. 그래서 어른이 된 지금, 감정은 겉으로 보이지 않아도 어디선가 계속 자라고 있던 것입니다.

문제는 그 감정이 갑자기 폭발할 때, 우리는 그것을 '내 잘못'이라 여기기 쉽다는 것이죠. 하지만 감정은 잘못이 아니라, 우리 안의 신호입니다. 그 신호를 따라가면 때로는 어린 시절의 외로움이, 지나간 관계에서의 아픔이, 혹은 반복된 오해 속에서 쌓인 서운함이 그 자리에 있습니다.

이 여정은 결코 쉽지 않습니다. 왜냐하면 감정의 뿌리는 대개 우리가 외면하고 싶었던 기억 속에 숨어 있기 때문이지요. 하지만 그 뿌리를 찾아가는 일은, 우리의 삶을 다시 건강하게 세우는 일입니다. 그 감정은 당신을 괴롭히려는 게 아니라, "나 좀 봐줘"라고 조용히 손을 든 존재입니다.

그 손을 잡아주고, 그 감정에 이름을 붙여주고, "네가 있어서 내가 지금까지 버텼구나"라고 말해주는 것이, 감정을 다스리는 첫걸음입니다. 혹시 오늘도 알 수 없는 감정에 흔들리고 있다면 스스로에게 이렇게 물어보세요.

"내가 지금 느끼는 이 감정은, 어디서부터 시작된 걸까?"

그 질문을 향해 한 걸음 내딛는 것, 그것이 감정의 뿌리를 찾아가는 가장 인간적이고도 아름다운 여정입니다. 그리고 그 여정에서 당신은 조금씩 자신과 화해하게 될 것입니다.

감정의 뿌리를 따라가는 구체적 방법을 추가합니다. 감정의 뿌리를 찾는 것은 마치 실타래를 푸는 것과 같습니다. 조급하게 당기면 더 엉키고, 천천히 인내심을 갖고 풀어야 합니다.

- 현재: 요즘 자주 올라오는 감정은 무엇인가요? 그 감정의 근원을 따라갈 수 있을까요?
- 개선: 그 감정의 뿌리를 이해하려 할 때, 나 자신에게 어떤 말로 다가가고 싶으신가요?

1. 감정 일기 쓰기 하루에 한 번, 가장 강하게 느꼈던 감정 하나를 골라서 기록해 보세요.
   - 언제: 오늘 오후 3시쯤
   - 어디서: 직장 회의실에서
   - 무엇을: 상사가 제 의견을 무시했을 때
   - 어떤 감정: 분노 8점, 무력감 7점
   - 몸의 반응: 가슴이 답답하고, 주먹이 쥐어짐
   - 떠오른 기억: 어릴 때 아버지가 제 말을 끊고 "어른 말에 끼어들지 마"라고 했던 순간

2. 감정의 메시지 듣기 모든 감정에는 메시지가 있습니다.
   - 분노: "내 경계가 침범 당했어" "나를 존중해줘"
   - 슬픔: "뭔가 소중한 걸 잃었어" "위로받고 싶어"
   - 불안: "위험을 감지했어" "안전을 확보해줘"
   - 외로움: "연결이 필요해" "누군가 나를 이해해줘"

3. 어린 시절 패턴 찾기 지금의 감정 반응과 비슷한 어린 시절 경험이 있는지 찾아보세요. 놀랍게도 많은 감정들이 과거의 미해결된 경험과 연결되어 있습니다.

트라우마와 일상 감정 구분하기

모든 강한 감정이 트라우마는 아닙니다. 하지만 다음과 같은 신호가 있다면 전문가의 도움을 받는 것이 좋습니다:

- 같은 상황에서 반복적으로 극심한 감정 반응이 일어남
- 일상생활에 지장을 줄 정도로 감정이 조절되지 않음
- 특정 상황이나 사람을 완전히 회피하게 됨
- 밤에 잠을 이루지 못하거나 악몽을 꿈
- 몸에 원인 불명의 증상들이 나타남

기억하세요. 도움을 요청하는 것은 약함이 아니라 용기입니다.

타인의 시선을 너무 의식해요
- 자기 비난과 수치심의 직면

> "성숙한 사람은 스스로에 대해, 타인에 대해, 그리고 자신이 놓인 상황에 대해 '정확한 인식'을 바탕으로 선택과 결정을 내릴 수 있고, 그 선택과 결정을 자신 것으로 인정하며, 그 결과에 책임을 진다."
> ─버지니아 사티어, 『사람만들기』, 학지사, 1993

당신은 어떤가요? 사람들 앞에서 말을 할 때, 내가 한 말이 괜히 오버였던 건 아닐까, 지나치게 신경 쓰인 적 있지 않으셨나요? 문득 거울 앞에 서서 "이 옷이 촌스럽진 않나?" "이 말 하면 이상하게 보일까?" "내가 너무 민감한 걸까?" 이런 생각들이 끊임없이 올라오는 건, 단순한 성격의 문제가 아닙니다.

그건 아주 오래전부터 우리 안에 심어져 있던 '자기 비난'과 '수치심'이라는 뿌리 깊은 감정입니다. 특히, K-장녀로 자란 많은 분들은 '모범적인 모습'을 보이며 살아야 했고 '엄마를 실망시키지 말아야 한다'는 부담을 너무 이르게 감당해야 했지요.

그 시절부터 타인의 기대는 곧 나의 가치처럼 느껴졌습니다. 사람들이 좋아하면 좋은 사람, 사람들이 무시하면 무가치한 사람. 그 프레임이 지금도 당신의 감정과 선택을 끊임없이 조종하고 있는 건 아닐까요?

자기 비난은 조용히 다가옵니다.

"너는 왜 또 그렇게밖에 못해."
"또 눈치 봤잖아."

이렇게 자기 안에서 자신을 향해 가혹한 말을 반복하곤 하지요. 하지만 이 목소리는 당신의 본모습이 아닙니다. 이건 오랜 시간 동안 타인의 평가를 내면화해 온 결과일 뿐입니다.

수치심도 마찬가지입니다. 그 감정은 사실 '나에게 소중한 어떤 부분이 다쳐 있다'는 신호에 불과합니다. 그걸 들여다보는 건 수치심을 덜어내는 첫걸음입니다. 이제는 그 목소리와 직면할 때입니다.

그 목소리를 있는 그대로 바라보고 그 밑에 깔려 있는 상처와 두려움을 천천히 마주할 수 있다면 당신은 더 이상 타인의 시선에 흔들리지 않을 겁니다. 지금 이 순간부터 자신을 따뜻하게 바라보는 연습을 해보세요.

"내가 또 타인의 눈치를 봤구나, 괜찮아."
"그럴 수 있어. 나 참 잘 견뎌왔네."

이런 말을 스스로에게 건네는 것, 그게 바로 자기 회복의 시작입니다. 그동안 참 많이 애쓰셨습니다. 당신은 단단해지고 있는 중입니다. 수고하셨습니다.

- 현재: 오늘 하루, 나는 어떤 순간에 타인의 눈치를 보고 있었나요?
- 개선: 다음에 그런 상황이 온다면, 나 자신에게 어떤 따뜻한 말을 먼저 건네고 싶으신가요?

나는 정말 사랑받을 수 있는 사람일까
- 자존감 회복의 시작

"자존감은 사랑받기 위해 무엇인가를 해야 한다는 생각에서 벗어날 때 시작된다." 사랑은 성과의 대가가 아니라 존재 그 자체에 대한 응답입니다. 내가 나를 있는 그대로 받아들이는 순간, 삶은 비로소 나에게 열리기 시작합니다.
- 루이즈 헤이(Louise Hay), 『당신의 삶을 치유할 수 있다』, 1984

이 질문, 혹시 마음속에 한 번쯤 떠올려 보신 적 있으신가요?

"나는 정말 사랑받을 수 있는 사람일까?"

누군가에게 이 질문을 꺼내면 "당연하지, 왜 그런 생각을 해?" 하는 답이 돌아오지만, 정작 내 마음은 그 '당연함'을 받아들이지 못할 때가 있습니다.

어릴 적부터 '착한 아이', '모범적인 딸'이 되어야 했던 우리, 특히 K-장녀였던 당신은 사랑받기 위해 '조건'을 채워야 했습니다. 기분 좋은 얼굴을 하고, 엄마의 기대에 부응하고, 실수 없이 완벽해야 했죠. 그런데 그 조건들은 점점 많아지고 무거워져서 어느새 "내가 이 정도는 해야 겨우 사랑받을 수 있어." "이걸 못하면 나는 버림받을지도 몰라."라는 믿음으로 자리 잡게 되었죠.

그 믿음은 당신의 존재 자체에 대한 의심으로 번집니다. '그냥 있는 나'는 사랑받기에 부족하다고, 아무것도 안 하고 있는 나, 지친 나, 서툰 나, 불안한 나는 사랑받을 자격이 없다고 생각하게 되는 거예요. 하지만, 사랑은 그렇게 계산으로 이루어지는 게 아니잖아요.

사랑은 조건을 따져서 주어지는 게 아니라 '존재' 그 자체를 품어주는 감정입니다. 우리는 모두 있는 그대로의 모습으로 누군가에게 소중한 존재가 될 수 있습니다. 심지어 그 '누군가'는
가장 먼저 나 자신이어야 하지 않을까요? 자존감 회복은 거창한 변화가 아닙니다.

"나는 소중한 사람이다"

"나는 실수해도 괜찮은 사람이다"

이런 말들을 하루에 한 번씩 나 자신에게 진심으로 해보는 것에서 시작됩니다. 그리고 이 문장을 꼭 기억해 주세요.

"내가 살아온 시간, 그 자체로 사랑받을 자격이 충분하다."

당신은 이미 많은 걸 견뎌낸 사람입니다.

누군가를 위해 눈치 보며 살아왔고, 때로는 혼자 울며 감정을 감추며 버텨왔죠. 이제는 그 긴 시간 속에서 상처받고 지친 '나 자신'을 따뜻하게 안아줄 차례입니다. 당신은 정말, 사랑받을 수 있는 사람입니다. 그 어떤 이유 없이도요. 그래 수고했어요. 나 자신을 양팔로 안아주세요.

- 현재: 최근 나는 어떤 모습의 나 자신을 받아들이기 어려웠나요?
- 개선: 오늘 하루 마무리하며 나에게 해주고 싶은 한마디는 무엇인가요?

  "나는 _____ 사람이다." 그 빈칸을 진심으로 채워보세요.

불편한 감정을 피하지 않고 바라보는 연습
- 감정 직면 훈련

> "진정한 해방은 고통스러운 감정 상태를 덮어두거나 억압하는 데서 오는 것이 아니라, 오히려 그것들을 온전히 경험할 때 비로소 시작된다."
>
> -칼 구스타프 융(Carl Jung)

"괜찮아질 거야."

"생각하지 말고 잊어버려."

우리는 자라면서 이런 말을 참 많이 들었습니다. 그래서일까요? 슬픔, 외로움, 분노, 부끄러움 같은 불편한 감정이 올라오면 얼른 덮고, 감추고, 무시하는 게 익숙해졌습니다.

특히 K-장녀로 살아온 분들이라면 감정을 '느끼는 것'보다 '관리하고 참는 것'에 더 익숙하셨을지도 모르겠습니다. 가족의 평화를 위해, 부모의 기분을 맞추기 위해, 어린 시절부터 우리는 '참는 법'을 먼저 배웠지요.

하다못해 첫 번째 남편 사별했을 때 교회분들과 같이 친정 식구들 모임을 가졌습니다. 그런데 오랜 교회 동료들을 보니 막 울음이 터져 나왔습니다. 그런데도 교회 전도사님과 목사님은 나한테 울지 말고 참으라고 했습니다. 왜 나에게 참으라고 했는지 지금도 이해가 안 됩니다.

하지만 감정은 참는다고 사라지지 않습니다. 누르던 감정은 언젠가 몸으로, 관계로, 말로 터져 나옵니다. 그러니 이제는 그 감정을 '직면'할 용기를 낼 때 입니다. 직면은 무섭거나 힘든 일이 아닙니다. 오히려 있는 그대로 바라보는 연습입니다.

내가 지금 느끼는 이 답답함이 혹시 인정받지 못한 외로움일 수도 있고, 이 짜증은 사실 내 마음을 몰라주는 누군가에 대한 서운함일 수도 있어요. 그 감정을 피하지 않고 "아, 지금 내가 이런 감정을 느끼고 있구나." 하고 조용히 들여다보는 것, 그게 바로 '감정 직면 훈련'입니다.

이 훈련에는 몇 가지 연습이 도움이 됩니다.

- 1분 멈추기: 감정이 올라올 때, 반사적으로 말하거나 행동하지 않고 1분간 멈춥니다. 그리고 그 감정을 언어로 붙여봅니다. "지금 나는… 분노를 느끼고 있어."

- 감정 일기 쓰기: 하루 중 가장 강하게 느꼈던 감정 하나를 골라 그 감정의 시작, 배경, 변화 과정을 써봅니다. 글로 쓰는 과정에서 감정이 정리되고, 스스로를 객관적으로 바라볼 수 있게 됩니다.

- 몸의 감각에 집중하기: 감정은 몸에도 흔적을 남깁니다. 가슴이 답답하다면, 속상함이 있을 수 있고, 턱이 긴장되어 있다면 분노가 숨어 있을 수 있어요. 감정을 추적하는 단서로 몸의 감각을 활용해보세요.

감정을 직면한다고 해서 그 감정이 곧 해결되는 것은 아닙니다. 하지만 직면은 그 감정이 더 이상 나를 지배하지 않도록 '내 편에 서는 것'입니다. 우리는 너무 오랫동안 감정을 억누르며 살아왔습니다. 이제는 그 감정을 하나하나 인정하고, 꺼내어 보고, 그 자리에 이해와 연민을 놓아줄 시간입니다.

그리고 마지막으로 그 감정을 견뎌낸 나 자신에게 이 말을 꼭 전해주세요.

"그동안 잘 견뎌줘서 고마워."
"괜찮아, 이제는 내가 너의 편이 되어줄게."

- 현재: 요즘 자주 올라오는 감정은 무엇인가요? 그 감정을 인정해보면, 어떤 형태 일까요?
- 개선: 오늘, 그 감정을 견뎌낸 나 자신에게 어떤 말을 건네주고 싶으신가요?
    예: "나는 지금 _____한 마음이구나. 그걸 알아차려줘서 고마워."

나는 왜 사람에게 쉽게 지칠까
- 과도한 공감의 부작용

"당신이 모든 사람을 구하려 한다면, 결국 자신을 잃게 될 것이다."

-브레네 브라운의 메시지 재 구성

 사람들과 어울리고 나면 이상하게 피곤합니다. 별말 없이 대화를 했을 뿐인데, 돌아오는 길에는 깊은 한숨이 나고 혼자 있는 시간이 절실해집니다. 이런 경험, 혹시 자주 있으신가요? 많은 'K-장녀'들은 어릴 때부터 다른 사람의 기분을 먼저 읽고, 눈치를 보고, 상대가 필요로 하기 전에 먼저 움직이는 '공감 과잉 상태'로 살아왔습니다.

 남의 감정은 유난히 빨리 느끼고, 자신의 감정은 나중에 생각합니다. 그래서 누군가 힘들다고 하면 내 마음도 무거워지고, 누군가 서운해 보이면 "내가 뭘 잘못했나?" 하는 생각부터 떠오르죠. 이런 공감 능력은 분명 소중한 자산입니다.

하지만 이 능력이 과해질 때, 우리는 지치고, 고갈되고, 심지어 '사람이 무섭다'는 생각까지 들게 됩니다. 이것이 바로 과도한 공감의 부작용입니다. 공감은 분명 연결을 위한 다리이지만, 그 다리 위에 나의 감정까지 전부 내어줄 필요는 없습니다.

"내가 힘든 이유, 사실은 내 감정이 아니라 남의 감정 때문이었구나."

그걸 깨닫는 순간, 우리는 한 걸음 물러서서 자신을 돌볼 수 있습니다. 공감을 멈추는 게 아니라, 경계를 세우는 공감으로 방향을 바꾸는 것이죠. 공감에도 경계가 필요합니다.

내가 할 수 있는 것과 없는 것을 구분하고, 상대의 아픔을 함께 느끼되, 그 책임까지 떠맡지 않는 연습이 필요합니다. 다른 사람의 감정을 느낄 수 있는 건 정말 귀한 능력이지만, 그 감정을 해결해줘야 할 의무는 없습니다.

"그렇구나, 많이 힘들었겠네."라고 말하면서도, "그래도 그건 네가 풀어가야 할 문제야."라고 마음속에서 선을 그을 수 있어야 내 감정도, 내 에너지도 보호받을 수 있습니다. 그래서, 이제는 이렇게 해보세요. 누군가 힘들다고 말할 때, 내가 먼저 괜찮은지 점검해보세요.

"내가 감당할 수 있을까?"
"지금 내가 지쳐 있지는 않나?"

내 마음의 여유를 확인하는 것이 먼저입니다. 혼자만의 시간에 죄책감을 갖지 마세요. 당신은 쉬어야 다음에 또 누군가를 진심으로 만날 수 있습니다.

"도와줄 수는 있지만, 대신 살아 줄 수는 없어."

이 문장을 마음속에 새겨보세요.

그건 냉정함이 아니라 건강한 거리감입니다. 우리의 공감 능력은 분명 축복입니다. 하지만 그 축복이 자신을 해치지 않도록, 스스로를 보호할 수 있어야 그 공감이 진짜 따뜻한 사랑으로 이어질 수 있습니다.

그리고 무엇보다, 당신 자신에게도 공감해보세요. 지금껏 참 많이 애쓰셨지요. 이젠 다른 사람만큼 나 자신에게도 따뜻하게 말해줄 차례입니다.

"그래, 그때 정말 힘들었지. 지금 이 피로함도 당연해. 이제 조금 쉬어가자."

- 현재: 최근 누군가의 감정을 돌보느라 정작 나의 감정을 놓친 순간이 있었나요?
- 개선: 오늘 나 자신에게 해주고 싶은 말 한마디를 적어보세요.
  예: "요즘 나는_____해서 지쳤구나. 괜찮아, 이제는 내가 나를 챙길게."

나를 위로하는 방법을 배우는 중
- 관계 안에서 나를 잃어버리는 순간

> "누군가를 사랑하는 것과 나 자신을 잃는 것은 다르다. 건강한 친밀감은 타인과의 연결을 통해 나를 더 깊이 이해하게 하지만, 그 연결이 내가 누구인지 잊게 만들 때 우리는 고립감을 느끼게 된다."
> -에스터 페렐(Esther Perel), 『관계의 재발견』, 2006

"괜찮아?"

누군가 내게 그렇게 물어왔을 때, 당신은 뭐라고 대답하시나요?

"응, 괜찮아."

익숙하게 그렇게 말하지만 사실은 마음 깊숙이 '하나도 괜찮지 않다'고 소리치고 싶은 순간이 있지요. 많은 K-장녀들이 그렇습니다. 타인의 마음을 더 잘 돌보는 사람이 되기 위해, 자신의 감정은 늘 뒤로 미뤄두고, '괜찮은 사람', '의젓한 사람'으로 살아왔습니다.

그러다 문득, 관계 안에서 나 자신이 너무 희미해져 "나는 대체 누구였을까?" "나는 무엇을 좋아했지?" 그 질문 앞에서 막막해집니다. 너무 가까워서 무너지는 거리 가족이든, 친구든, 연인이든 누군가와 너무 가까워진다는 건 나를 잃을 수 있는 위험을 동반합니다.

어느 순간부터 그 사람의 감정에 휘둘리고, 그 사람의 요구가 내 우선순위가 되고, 그 사람이 원하는 내가 되기 위해 나 자신을 조정하기 시작하죠. 하지만 관계가 깊어질수록 오히려 더 단단한 '나'가 필요합니다. 건강한 관계는 서로의 경계 안에서 자신의 감정과 욕구를 솔직히 표현할 수 있을 때 만들어집니다.

그래서 우리에겐 나를 지키는 거리, 나를 위로하는 연습이 필요합니다. 나를 위로하는 법, 지금 배우는 중입니다. 이제 우리는 조금씩 배우는 중입니다. 남이 아닌 나를 돌보는 연습, 어떤 말을 들었을 때 내 마음이 아픈지, 어떤 상황에서 나는 침묵하게 되는지를 조금 더 천천히 들여다보는 시간을 갖는 것입니다.

그리고 무엇보다 중요한 건, 내가 내 편이 되어주는 일입니다. 오늘 하루의 끝에서 조용히 나에게 이렇게 말해보세요.

"오늘도 많이 애썼어. 그 상황에서 최선을 다했지. 괜찮아, 너는 지금도 충분히 잘하고 있어."

그 한마디가 당신의 내면에 쌓여있는 오래된 피로를 녹이고, 다시 당신 자신을 중심에 놓을 수 있는 힘이 되어줄 겁니다.

이제, 지금까지 함께 나누신 당신께 이렇게 말해드리고 싶습니다. 지금까지 참 잘해오셨습니다. 당신이 감정을 마주하고, 자신을 돌보고, 관계 속에서 나를 다시 찾아가고자 하는 이 모든 노력은 정말 소중하고 위대한 여정입니다. 지금 이 순간부터는 타인을 이해하듯, 나 자신을 따뜻하게 껴안아 주세요.

이제는 그럴 자격이 충분히, 정말 충분히 있으신 분이니까요.

- 현재: 지금까지의 여정을 돌아볼 때, "내가 정말 잘한 점"은 무엇인가요?
- 개선: 오늘 하루의 끝에서, 나 자신에게 꼭 해주고 싶은 한마디는 무엇인가요?

  예: "나는_____했지만, 그럼에도 불구하고 정말 잘 견뎌냈어. 수고했어, 나."

단계	자기 감정 다스리기	자기 고백
1단계	자기 의무감 내려놓기	"진짜 내 일 일까?"
2단계	억누르지 않고 느껴보기	"괜찮아 그렇게 느껴도 돼"
3단계	완벽하지 않아도 되기	"일부러 실수도 해보기"
4단계	부모와 심리적 거리 재설정	"나는 부모님의 인생을 책임지지 않아도 돼"
5단계	나를 위한 작은 공동체 만들기	"무조건 너를 지지해 괜찮아"
6단계	새로운 삶을 위한 나	"나를 응원합니다. 수고했어요."

자기 위로의 구체적 방법들

나를 위로하는 법은 따로 배워야 할 기술입니다. 어릴 적부터 다른 사람을 위로하는 법만 배웠지, 나 자신을 달래는 법은 배운 적이 없으니까요.

- 내면의 아이와 대화하기: 힘들 때마다 저는 어린 시절의 저와 대화를 나눕니다. "그때 정말 무서웠지? 많이 외로웠지? 이제 괜찮아. 내가 너를 지켜줄게." 이런 대화가 의외로 큰 위로가 됩니다.
- 셀프 허그하기: 말이 안 된다고 생각할 수도 있지만, 정말로 자신을 안아보세요. 양팔로 자신을 꼭 껴안고 "고생했어, 수고했어"라고 말해보세요. 몸이 기억하고 있는 위로의 감각이 되살아납니다.
- 나만의 위로 키트 만들기: 힘들 때마다 꺼내볼 수 있는 것들을 준비해두세요. 좋아하는 음악, 따뜻한 차, 부드러운 담요, 위로가 되는 책의 구절들. 미리 준비해두면 힘든 순간에 더 빨리 회복할 수 있습니다.

관계 속에서 나를 지키는 연습

관계는 소중하지만, 그 관계 때문에 나를 잃어서는 안 됩니다.

"잠깐만"이라고 말하는 용기: 감정이 격해질 때, "잠깐만, 나 좀 정리할 시간이 필요해"라고 말하는 것도 관계를 지키는 방법입니다.

"나는 다르게 생각해"라고 말하는 자유: 모든 의견에 동의할 필요는 없습니다. "나는 다르게 생각하는데, 내 의견도 들어줄 수 있을까?"

"오늘은 힘들어서 안 되겠어"라고 거절하는 권리: 언제나 모든 부탁을 들어줄 필요는 없습니다. 내 상태를 먼저 체크하고, 안 되면 솔직하게 말하는 것이 더 건강한 관계를 만듭니다.

【적용】당장 해볼 수 있는 것들

1) 감정 온도계 (2분)
- 지금 내 감정을 0~10점으로 매겨보기
- "나는 지금 _____점의 _____을 느끼고 있다"

2) 하루 한 문장 일기 (5분)
- "오늘 나는 _____할 때 _____했다"
- 일주일 후 패턴 찾아보기

3) 셀프 체크
☐ 오늘 내 감정을 한 번이라도 인정했나?
☐ "괜찮다"고 자동으로 답하지 않았나?
☐ 누군가에게 진짜 감정을 말했나?

아래 QR코드로 들어오시면 자가진단 검사지와 셀프 체크등 다양한 정보들이 있습니다.

2부
관계의 언어를 다시 배우다

—

이마고 이론,

공감의 기술,

감정 반영과 경계 설정

'듣는 법'을 다시 배운다는 것
: 안전한 대화를 위한 첫걸음
- 심리적 공간과 관계 안전감

> "우리는 관계 속에서 태어나고, 관계 속에서 상처받으며, 그리고 관계 속에서 치유될 수 있습니다."
> —하빌 헨드릭스, 『내가 원하는 사랑을 얻는 법』
> (Getting the Love You Want: A Guide for
> Couples, 20주년 기념판), 2007

살다 보면 문득 깨닫는 순간이 있습니다.

"나는 누군가의 말을 정말 제대로 들어본 적이 있을까?"
그리고 또 하나,
"나는 과연 누군가에게 제대로 들어보았다고 느껴본 적이 있었을까?"

관계란 말과 말 사이를 오가는 이야기 같지만, 사실은 '들을 준비가 되어 있는가'라는 더 깊은 질문을 내포하고 있습니다.

특히 가족이나 가까운 관계일수록, 우리는 듣기보다 판단하거나 훈계하거나 조언하기를 더 쉽게 합니다.

"그건 네가 잘못 생각한 거야"
"내가 너를 위해서 하는 말이야"
"그 나이 먹고도 아직도 그런 생각을 해?"

하지만 이런 말들은 듣는 이에게 '닫힌 문'이 됩니다. 자신의 감정을 말하기보다 숨기게 만들고, 오히려 침묵이나 회피로 관계를 멀어지게 만듭니다.

이마고 대화법에서 첫 번째 단계는 Mirroring, 즉 반영하기입니다. 그 사람의 말을 판단 없이, 고치려 하지 않고, 그저 그대로 되 비추는 것.

"아, 너는 지금 그런 기분이구나."
"그렇게 느꼈다는 거지?"

이 짧은 반영의 말은 의외로 큰 울림을 줍니다. 왜냐하면 우리는 누구나, '내 이야기를 누군가가 왜곡 없이, 그대로 들어주는 것' 그것만으로도 큰 위로를 받기 때문입니다.

반영은 단순한 반복이 아니라, 내 감정을 누군가가 "제대로 들어줬다"는 감정적 확인이기도 합니다. 안전감은 '대화 기술'이 아니라 '태도'에서 시작됩니다. 심리적 안전감은 단순히 "말해도 돼"라고 말한다고 만들어지는 것이 아닙니다.

그보다 더 본질적인 건, 말해도 '비난받지 않을 것'이라는 믿음입니다. 상대의 말이 내 가치관과 다르더라도, 그 감정만큼은 '유효하다'고 인정하는 태도에서 비로소 진짜 안전함이 시작됩니다. 예를 들어, 딸이 엄마에게 이렇게 말한다고 상상해봅시다.

"엄마, 어릴 때 엄마가 늘 바쁘고 날 안아주지 않아서 너무 외로웠어."

그 말에 엄마가 "내가 얼마나 고생했는데, 그런 소리 하니?"라고 반응하면 그 순간 대화는 멈춰버립니다. 하지만 이렇게 반응해보면 어떨까요?

"그랬구나. 넌 정말 많이 외로웠겠구나."

그 말 하나가 아이의 마음을 열게 합니다. 그리고 그 순간, 마음과 마음이 다시 연결될 수 있는 문이 열립니다.

'잘 듣는다'는 것은 기술의 문제가 아닙니다. 그보다 더 본질적인 건, 상대의 감정을 진심으로 이해하려는 마음가짐입니다. 말을 끊지 않고 기다려주는 인내, "그래, 그런 마음이었구나"라고 수용해주는 자세, 그리고 상대의 진심이 내게 안전하게 닿을 수 있도록 마음을 열고 기다리는 태도. 그것이 우리가 관계를 다시 배우는 첫걸음입니다. 듣는다는 것은 단순한 정보 전달이 아니라, "당신은 내게 소중한 존재입니다"라는 말 없는 표현입니다.

관계 회복의 시작은 말하는 기술보다 '듣는 마음'을 되찾는 일입니다. 오늘 당신의 누군가에게, 그저 잠시라도, 마음을 기울여 귀 기울여 보시겠어요? 말이 끝났을 때, 이렇게 말해보는 겁니다.

"응, 그래. 그랬구나. 그 말 해줘서 고마워."

말보다 먼저 들여다봐야 할 것들
: 이마고가 말하는 '상처의 반복'
- 과거 이미지가 현재에 미치는 영향

"과거는 결코 죽지 않는다. 심지어 과거조차 아니다. 우리는 그것을 뒤에 두고 왔다고 생각하지만, 과거는 여전히 우리가 하는 말과 행동, 그리고 우리가 되는 사람 안에 살아 숨 쉰다."
-윌리엄 포크너,「수녀를 위한 진혼곡」

당신은 혹시, 지금 사랑하고 있는 사람에게 이유 없이 예민해지고, 반복적으로 상처받고 있다는 느낌을 받아본 적 있으신가요? 아무리 노력해도 대화가 엇갈리고, 상대의 말 한마디에 묘하게 감정이 요동치는 경험 말입니다. 그런 순간 우리는 종종 "왜 나는 늘 이런 감정을 느낄까?" 혹은 "왜 같은 패턴이 반복될까?" 하는 물음을 던지게 됩니다.

이마고 이론에서는 이런 반복을 '무의식의 이미지' 때문이라고 설명합니다. 어린 시절 가장 강렬하게 관계 맺었던 대상,

특히 부모와의 관계에서 형성된 감정적 경험이 우리 안에 우리 마음 속에는 '이상적인 부모 이미지'가 있어요 심리학에서는 이를 '이마고'라고 부르는데 '이 이미지는 아주 조용하게, 그러나 굉장히 강력하게 우리의 현재 관계를 움직입니다.

예를 들어볼까요?

어린 시절, 당신이 늘 부모의 눈치를 보며 자랐다면, 어른이 된 지금도 타인의 표정이나 말투에 지나치게 민감하게 반응할 수 있습니다. 혹은, 인정받지 못했던 경험이 많은 이들은 사랑하는 사람에게서 끊임없이 "당신은 나를 사랑해요?"라는 질문을 돌려 말하곤 합니다. 이 질문은 사실, 그 사람이 지금의 상대에게 하는 것이 아니라, 어린 시절 그 사랑을 충분히 받지 못했던 대상에게 보내는 신호일지도 모릅니다.

문제는 우리가 이런 감정의 뿌리를 의식하지 못한 채 계속해서 '반복'하게 된다는 데 있습니다. 이마고 이론은 이러한 무의식적 반복을 '치유되지 않은 상처의 재현'이라고 부릅니다. 상처는 반복을 통해 드러나고, 결국엔 우리가 직면할 수 있도록 우리를 밀어붙입니다. 마치 마음속 어딘가에서 "이 상처를 봐줘. 제발 이제는 좀 들여다 봐줘." 하고 간절히 외치는 것처럼요.

그렇다면 어떻게 해야 할까요?

이 반복의 고리를 끊기 위한 첫걸음은 바로 말보다 먼저 내 감정의 근원을 들여다보는 것"입니다. 지금의 분노가 단지 현재의 사건 때문만은 아닐 수도 있다는 가능성을 열어두는 것입니다. 오늘 누군가에게 느꼈던 섭섭함이, 사실은 오래전 인정받고 싶었던 부모에게 느꼈던 그 감정의 잔향일 수 있다는 것을 받아들이는 것부터가 시작입니다.

이마고 대화에서는 이런 감정을 '반영'하고 '인정'하며 '공감'하는 과정을 통해, 과거의 상처와 현재의 관계를 연결지을 수 있도록 돕습니다. 그리고 그 연결 고리를 따라가다 보면, 어느 순간 우리는 깨닫게 됩니다.

"아, 내가 이렇게 반응한 건, 나도 모르게 오래된 감정의 그림자가 스며들었기 때문이구나."

지금 이 글을 읽고 있는 당신도 아마, 많은 상처를 지나온 길 위에 서 계실 것입니다. 하지만 그 상처는 단지 아픔으로만 남는 것이 아니라, 우리가 지금 누구인지, 그리고 앞으로 어떤 관계를 맺어가고 싶은지를 알려주는 중요한 단서가 되기도 합니다.

말보다 먼저, 감정의 근원과 내면의 울림을 들여다볼 수 있다면, 우리는 더 이상 그 상처에 휘둘리지 않고, 스스로의 삶을 주체적으로 살아갈 수 있을 것입니다. 그리고 그때 비로소, 진짜 관계가 시작됩니다. 반복을 멈추고, 치유의 대화를 시작하는 그 순간이 바로, 당신이 당신을 다시 만나는 순간일지도 모르겠습니다.

그 말, 진짜 감정은 무엇인가요?
: 감정을 '해석' 말고 '반영'하기
- 감정 반영^{Mirroring}의 기술

"듣는다는 것은 자석처럼 끌어당기고, 신비롭고 창조적인 힘이다. 우리의 말을 진심으로 들어주는 사람에게 우리는 자연스럽게 가까워진다. 누군가가 우리 이야기를 들어줄 때, 우리는 비로소 자신을 펼치고 확장 시킬 수 있게 된다."
−브렌다 율런드, 「들어주는 예술」 중

우리는 흔히 누군가의 감정을 듣고 있노라면, 마음속에서 빠르게 해석을 시작합니다.

"저 사람 지금 화난 것 같아."
"상처받았겠지."
"그런 말 하면 오해받기 쉽지."

하지만 정말로 상대의 마음을 느끼고 있을까요? 아니면 나만의 해석으로 '그럴 것이다'라고 결론을 내린 건 아닐까요?

많은 관계의 오해는 바로 이 '해석의 습관'에서 비롯됩니다. 누군가의 말을 들으면, 우리는 그 말을 내 기준에서 판단하고 해석한 후 반응합니다. 그 과정에서 상대가 실제로 느끼고 있던 감정은 소외되거나 왜곡되기 쉽습니다.

그러니 진짜 대화, 진짜 감정의 교류는 해석이 아니라 '반영'에서 시작되어야 합니다. 이마고 관계 대화법에서 말하는 반영Mirroring은 매우 단순하지만 강력한 기술입니다.

"당신은 지금 이렇게 느끼고 있다고 말했어요, 맞나요?"

이 문장은 대단한 통찰이나 정답이 아닌, 오로지 '들려주기'에 집중합니다.

반영은 상대의 감정을 정리해주려는 것도, 조언하려는 것도 아닙니다. 단지 그 감정을 있는 그대로, 그 언어와 뉘앙스를 유지한 채 다시 건네주는 일입니다. 이렇게 말이죠:
"당신은 내가 그런 말을 했을 때 외롭고 슬펐다고 느꼈다고 말했어요. 지금도 그 감정이 남아 있는 것 같아요. 맞나요?"

이 단순한 반영은 놀라운 효과를 만듭니다. 사람은 자신의 감정이 '정확히 들렸을 때' 비로소 진정됩니다. 해결책을 듣기보다, "그래, 그랬구나."라는 반응이 먼저 필요한 이유죠. 감정은 이해받을 때에야 흐르고, 정리되고, 치유의 방향으로 나아갑니다.

특히 K-장녀로 자라온 분들은 평생 감정을 '해석 당하며' 살아온 경우가 많습니다.

"왜 그렇게 예민해?"
"너는 늘 혼자 삐지더라."

이런 말은 감정을 인정하기보다 왜곡하는 해석이었습니다.

그래서 우리는 어쩌면 '내 감정이 들릴 수 있다'는 경험 자체가 부족했는지도 모릅니다. 이제는 그 과정을 바꾸어야 할 시간입니다. 감정은 분석하는 것이 아니라 느껴야 할 것, 정답을 찾는 것이 아니라 함께 머무는 것입니다. 누군가의 감정을 '맞다/틀리다'로 평가하지 않고, 그 감정이 일어날 수 있었던 이유를 존중하며 반영해줄 때, 비로소 그 사람은 스스로의 마음과 다시 연결될 수 있습니다.

공감은 기술이자 선택이다
: '내가 옳다'보다 '당신이 그렇구나'라는 언어
- Validation(감정 인정)

> "진정한 공감은 옳고 그름을 따지는 것이 아니라, '당신의 감정을 내가 이해합니다'라고 말해주는 일이다."
> −브레네 브라운(Brené Brown), 『감정의 힘』 중에서

우리는 종종 '공감'을 감정적인 반응으로만 여깁니다. 마치 타고난 성향이거나 감수성의 문제로 생각하는 경우가 많습니다. 그러나 실제로 공감은 하나의 기술이며, 무엇보다도 선택이라는 것을 알게 된 것은 꽤 나 성숙한 후였습니다.

살아오며 우리는 얼마나 자주 '네가 그렇게 느낄 수 있겠구나'라는 말을 들어봤을까요? 오히려 "그건 네가 예민해서 그래"라거나 "그렇게까지 생각할 일이야?"라는 반응이 익숙하지 않으신가요? 상대의 입장에서 그 감정이 충분히 나올 수 있다

는 점을 인정해주는 일, 그것이 바로 감정 인정의 힘입니다.

감정을 인정한다는 것은 곧 판단을 멈추는 일입니다. '그게 맞아' 혹은 '그건 틀렸어'라는 기준이 아니라, '그럴 수 있겠다'는 이해로 다가가는 태도입니다. 누군가가 "그 말에 너무 상처받았어"라고 말했을 때, "그 정도로 상처받을 일이야?"라고 반응하면 관계는 닫히고 맙니다. 하지만 "그 말이 너에겐 참 아프게 들렸구나"라고 말해주면, 마음의 문은 아주 조심스럽게 열립니다.

인정은 공감의 중간 지점입니다. 반드시 상대의 감정에 동의하지 않아도 괜찮습니다. 다만, 그 감정이 충분히 이해될 수 있다는 태도를 갖는 것이 핵심입니다.

예를 들어, 딸이 어머니에게 "나는 엄마가 나를 비교할 때마다 자존감이 무너졌어"라고 말할 때, 어머니는 "나는 그런 의도가 아니었는데"라고 반응하기 쉽습니다. 하지만 이때 필요한 말은, "그랬구나. 그런 말이 너에겐 무척 아프게 들렸겠네"입니다. 이 한 마디는 논쟁을 멈추고, 마음을 이어줍니다.

우리가 살아가는 대부분의 관계에서 상처는 서로의 감정을 무시하거나 잘못 해석할 때 발생합니다. 인정은 그 상처를 다시 꿰매는 실과 바늘 같은 역할을 합니다. 완벽하게 이해할 수는 없더라도, 그럴 수 있다는 가능성을 열어주는 일, 그것이 바로 공감의 선택입니다.

"나는 옳고 너는 틀렸어."라는 말보다 "나는 이해가 잘 안되지만, 너는 그렇게 느꼈구나."라는 말이 관계를 지키는 데 더 큰 힘을 발휘할 때가 많습니다.

나는 왜 내 감정을 말하기 어려울까
: 'I 메시지'로 말하기 훈련
- 비난 없이 진짜 속마음 표현하기

> "감정을 말하는 것은 나약함이 아니라 용기다.
> 진심을 말할 때 우리는 진짜 연결될 수 있다."
> -오프라 윈프리, 『What I Know For Sure』, 2014

 살아오며 감정을 말하는 법을 배워본 적 있으신가요? 많은 분들이 "나는 말로 상처를 주고 싶지 않아서 침묵해요"라고 말씀하시곤 합니다. 하지만 때로는 침묵이 가장 날카로운 비수가 되기도 합니다.

 감정을 말하지 않는다고 감정이 사라지는 것은 아니니까요. 어린 시절, 감정을 표현했다가 혼난 적이 있으신가요?

 "울지 마"

"그런 말 하면 못 써"

"화를 내면 나쁜 아이야."

이런 말들은 우리 안에 '감정은 위험한 것'이라는 인식을 심어주었습니다. 그래서 많은 K-장녀들은 감정을 표현하는 대신, 감정을 억누르고, 눈치를 보고, 조용히 참고 넘기는 데 익숙해졌습니다.

하지만 억눌린 감정은 언젠가 다른 방식으로 새어 나옵니다. 작은 일에도 폭발하거나, 설명할 수 없는 무기력과 외로움으로 나타나기도 하지요. 그래서 감정을 말하는 연습은 곧, 나를 지키는 연습입니다. 그리고 그 첫걸음이 바로 'I 메시지'로 말하기입니다.

'I 메시지'란 무엇일까요? 'I 메시지'는 상대를 비난하거나 공격하지 않고, 자신의 감정을 중심으로 표현하는 방법입니다. 예시를 볼까요?

"당신은 맨날 자기밖에 몰라!" (비난, 방어 유도)

"나는 내가 혼자인 것 같고, 그게 서운해." (감정 중심, 대화 유도)

이렇게 말하면 상대는 공격을 받았다고 느끼지 않고, 당신의 감정을 듣게 됩니다. 중요한 것은 '나는 ~하다'로 시작하지만, 진짜 중심은 감정 표현에 있다는 점입니다.

"I feel hurt." (나는 상처받은 기분이에요.)
"I feel left out." (나는 소외된 느낌이에요.)
"I feel scared." (나는 무서워요. 또는 나는 두려워요.)

이렇게 말하는 연습은 어색하지만, 감정의 주체로 서는 힘을 키워줍니다.

감정 표현은 약함이 아닙니다. 감정을 말하는 것이 두렵게 느껴지는 이유는, 누군가 그 감정을 부정하거나 조롱하거나 무시할까 봐입니다. 하지만 감정을 말하는 것은 나약함이 아니라 용기 있는 선택입니다. 감정은 숨길수록 관계를 무겁게 만들고, 나를 잃게 만듭니다. 당신이 말하지 않은 감정은 다른 방식으로 - 때로는 몸의 통증이나 관계의 파열음으로 나타나게 됩니다.

그러니 지금부터라도, 내 감정을 말하는 연습을 해보면 어떨까요? 마무리하며 자신의 감정을 'I 메시지'로 말하는 것은 그 누구보다도 나 자신을 존중하는 연습입니다.

"나는 슬퍼요"
"나는 서운했어요"
"나는 겁이 났어요."

이 문장들이 쌓일수록, 우리는 서로를 비난 없이 이해하는 대화로 나아갈 수 있습니다.

말하지 못한 감정은 이해받을 수 없습니다. 그리고 이해받지 못한 감정은 결국, 거리감이 됩니다. 이제는 조금씩 말해보는 연습을 해보세요. 그 시작은 아주 작아도 괜찮습니다.

"나, 지금 좀 속상해."

그 말 한마디가, 당신을 지켜 줄 수 있습니다.

가족과는 말이 안 통해요.
: 가장 가까운 사람에게 마음을 꺼내는 연습
- 정서적 거리 좁히기

> "사람의 마음은 수백만 조각으로 부서졌을지라도, 다시 스스로를 넓히는 법을 알고 있습니다. 진심으로 사랑하고 상처받은 마음일수록, 그 고통을 지나 다시 누군가에게 열릴 수 있는 놀라운 회복력을 지닙니다. 상처는 닫힘이 아니라, 더 넓고 깊은 사랑을 품을 수 있는 문이 될 수 있습니다."
> -로버트 제임스 월러, 『매디슨 카운티의 다리』

 가족이라는 이름 아래, 우리는 무수히 많은 감정을 묻고 살아갑니다. 말하지 않아도 아는 사이라고 생각하지만, 사실은 말하지 않아서 더 멀어진 사이가 되어버린 경우가 얼마나 많을까요. 그 침묵의 시간 속에 쌓여 있던 건 원망일 수도 있고, 서운함일 수도 있고, 아무도 알아주지 못한 나만의 고통이었을지도 모릅니다.

 저마다 사는 이유와 방식이 달라지고, 나이도 들고, 위치도 바뀌는데 우리는 여전히 어린 시절의 방식으로 가족과 대화하려 합니다. 예를 들면, 딸은 아직도 엄마에게 칭찬을 갈구하고, 아들은 여전히 아버지에게 인정을 받으려 애쓰고 있습니다. 이 말은, 우리가 마음으로는 여전히 미해결된 감정의 아이로 머물러 있다는 뜻이기도 합니다.

'가까움'이라는 환상, "말 안 해도 알잖아." "가족인네 굳이 말로 해야 해?" 이런 말들은 겉으로는 다정해 보이지만, 실은 감정을 피하는 말입니다. 말하지 않아도 알 수 있는 사이는 없습니다. 오히려 말하지 않아서, 점점 멀어지고, 오해가 굳어지고, 서운함이 쌓여갑니다.

K-장녀로 살아온 이들은 특히 가족과의 관계에서 이런 침묵의 패턴을 반복하게 됩니다. 부모님의 감정을 대신 감당하고, 조용히 맞추며, 자기 감정은 뒷전으로 미뤄둡니다. "우리 집은 원래 이래."라며, 무언가를 포기한 채 살아가는 딸들은, 결국 어느 날 그 감정을 누구도 이해해주지 않는 외로움으로 경험합니다.

우리는 감정을 꺼내는 법을 배워본 적이 없기에 "어릴 때부터 참고 넘기는 게 익숙했어요." "말하려다 더 상처받을까 봐 그냥 삼켰어요." 이런 말들 속에는 '내가 말해도 소용없을 것'이라는 체념이 녹아 있습니다. 그리고 이 체념은, 점점 더 관계를 단절시키고, 마음의 거리를 멀게 합니다.

이때 이마고 치료는 이렇게 말해줍니다.

"감정을 말하지 않으면, 상대는 결코 알 수 없습니다. 그리고 감정을 '어떻게' 말하느냐가 중요합니다."

여기서 등장하는 것이 바로 'I 메시지' 입니다. "당신은 왜 그래?"가 아니라 "나는 이렇게 느꼈어.", "넌 나를 무시했어!"가 아니라 "그 말이 나에게는 무시당하는 기분으로 다가왔어."

이렇게 '비난이 아닌 감정 중심'의 표현은 상대의 방어를 낮추고, 대화를 가능하게 만듭니다. 하지만 말하는 것만큼 중요한 것은 들어주는 태도입니다. 이마고 대화법에서 가장 기초적이고 핵심적인 기술이 바로 '반영Mirroring'입니다. 상대방이 말한 감정을 그저 되짚어주는 것.

"당신은 지금 외롭다고 느끼시는 거군요."
"그 상황에서 속상하셨겠어요."

이 한마디가, 마음을 여는 열쇠가 됩니다. 공감은 동의가 아니라 이해입니다. 동의하지 않아도 "그렇게 느낄 수 있겠다"고 말하는 태도, 그것이 진정한 관계의 회복을 이끄는 언어입니다. 가족과 대화가 어려운 것은, 너무 많은 감정을 안고 있기 때문입니다. 그러나 그 감정은, 결국 표현되어야만 이해받고, 해소됩니다. 말하지 않으면 상처는 굳고, 굳은 상처는 언젠가 더 큰 고통으로 돌아옵니다.

그러니, 오늘은 이렇게 말해보세요.

"엄마, 나 요즘 좀 지쳤어."
"아빠, 나 그때 그 말이 마음에 오래 남았어."
"동생아, 나 너랑 얘기하고 싶은데 자꾸 어긋나서 슬펐어."

그 말들이 처음에는 서툴고 낯설겠지만, 조금씩, 서로의 마음을 향한 통로를 만들어줄 것입니다. 가장 가까워야 할 사람에게, 마음을 꺼내는 연습. 그것은 결국 나 자신에게 정직해지는 일이기도 합니다.

갈등 앞에서 도망치지 않는 연습
: '다툼'이 아니라 '직면'이라는 새로운 선택
- 관계 회복 대화법

우리는 종종 갈등을 회피합니다. 불편하고 피곤하니까요. 마음에 상처를 남기고, 관계를 어색하게 만들 것 같으니까요. 그래서 많은 말들은 삼켜지고, 불편한 감정은 무시되고, 결국 서로의 거리는 더 멀어집니다. 그러나 이마고 치료는 갈등을 '관계의 위기'가 아니라 '관계의 기회'로 바라봅니다.

갈등은 두 사람이 서로 다른 내면의 진실을 마주하는 순간입니다. 그 안에는 오해, 오래된 상처, 그리고 아직 표현되지 못한 마음이 숨어 있습니다. 갈등을 피할수록, 감정은 더 깊이 스며듭니다.

"그냥 내가 참지 뭐."
"말해봤자 또 상처받을 텐데…"
"괜히 분위기만 더 나빠질 거야."

이런 생각으로 갈등을 피하는 사람들은 대개 K-장녀, 감정 억제형, 혹은 부모의 감정을 책임지며 자란 사람들입니다. 이들은 조용히 눈을 감고, 조심스럽게 걷고, 파장을 줄이기 위해 자기 감정을 눌러버립니다. 하지만 이렇게 억누른 감정은 사라지지 않습니다.

그 감정은 나중에 더 큰 폭발로, 혹은 서서히 식어버린 애정으로 변해 돌아옵니다. '말하지 못한 갈등'은 '정리되지 않은 거리감'으로 남게 됩니다. 다툼이 아닌 '직면'이라는 선택해야 합니다. 이제는 싸우는 대신 '직면'할 수 있어야 합니다.

직면이란 감정과 감정이 솔직하게 마주하는 것을 의미합니다. 이마고 치료는 이 순간을 두려움이 아닌 진심으로 바라보는 용기라고 말합니다. 직면은 '화를 내는 것'이 아니라 '감정을 꺼내놓는 것'입니다.

"당신이 잘못했어!"가 아니라, "나는 그 말에 상처받았어."라고 말할 수 있는 연습입니다. 이때 가장 중요한 기술이 바로 이마고 대화법의 3단계입니다:

Mirroring (반영): "내가 들은 바로는…라는 뜻이구나."
→ 상대의 말을 요약하고 되돌려줌으로써, '내가 잘 들었어'라는 메시지를 전달

Validation (인정): "그럴 수 있겠다."
→ 동의가 아니라 상대의 감정과 경험이 '타당하다'는 인정을 표현

Empathy (공감): "그때 정말 힘들었겠구나."
→ 그 감정에 마음을 기울이고, 함께 느끼는 공감

이 3단계는 감정을 해소하기 위한 무기가 아니라, 서로를 회복시키기 위한 언어입니다.

마음의 거리, 말로 좁혀집니다. 갈등이 있는 순간은 곧 진짜 대화가 시작될 수 있는 문턱입니다. 그 문턱을 넘지 못하면 우리는 서로를 모른 채 계속 오해하며 살아야 합니다. 그러나 용기 내어 문을 열고 나가면, 우리는 서로의 진짜 마음을 만날 수 있습니다.

처음부터 완벽하게 하지 않아도 괜찮습니다. 그저 "나는 이럴 때 마음이 복잡해." "내가 상처받은 기분이었어." 이 한 문장만으로도, 다툼은 직면으로 바뀔 수 있습니다. 갈등을 없애려 하지 마세요. 갈등은 피할 대상이 아니라, 이해할 기회입니다. 우리가 선택할 수 있는 것은 단 하나, 그 갈등을 어떻게 마주할 것인가입니다.

지금까지는 싸움이 두려워 침묵했다면, 이제는 마음을 지키기 위해 말하세요. 내가 느낀 감정을 존중하고, 상대의 감정을 판단 없이 들어주는 것. 그것이 관계를 회복시키는 진짜 대화의 시작입니다. 다툼이 아닌 직면, 그 선택이 당신의 관계를 다시 숨 쉬게 할 것입니다.

이마고 대화 과정

단계	제목	대화
1	반영하기 (mirroring)	"당신은 내 얘기를 잘 안들어주는거 같아": "지금 당신은 내가 당신 얘기를 잘 안들어준다고 느끼고 있구나"
2	인정하기 (validation)	"당신 입장에서 보면 그렇게 느낄 수 있을 것 같아"
3	공감 (empathy)	"그런 상황이라면 정말 외롭고 속상했을 것 같아."
4	안정감 (safety)	"이제 여기는 당신을 위한 안전한 공간이야" "그래 수고했어"

이마고 부부관계치료 이론과 실제, 학지사: 147-149 중에서

경계는 이기심이 아니라 존중입니다
: 'NO'를 말하는 용기
- 자기 보호와 건강한 거리두기

> "경계를 세운다는 것은, 때때로 누군가를 실망시킬 위험이
> 있더라도 나 자신을 사랑하기 위한 용기를 내는 일입니다."
> –브레네 브라운, 『완벽하지 않아서 용기 있다』, 2012

어느 날, 친구가 갑자기 찾아와 부탁을 합니다. 도와주고 싶은 마음이 있었지만, 이미 너무 지쳐 있었던 나. 그 순간, "지금은 힘들어"라고 말하지 못하고, 결국 억지로 웃으며 도왔습니다.

그리고 집에 돌아와 나 자신에게 실망하며, 조용히 눈물을 삼킵니다. 왜 나는 'NO'라고 말하지 못했을까.

왜 나는 상대의 기분은 그렇게 챙기면서, 내 감정은 돌보지 않았을까. 그 질문은 오랜 시간 나를 따라다녔고, 이제는 이렇게 묻고 싶어졌습니다.

"이건 진짜 나다운 관계인가요?"

많은 이들이 '경계'를 이기적인 것이라 오해합니다.

하지만 경계는 '거절'이 아니라 '선명한 안내'입니다. 내가 어디까지 감당할 수 있고, 어디서부터는 지켜야 하는지를 스스로 명확히 알고 표현하는 것, 그것이 건강한 경계입니다. 경계 없는 친절은 자주 자기 희생과 원망을 낳습니다. 그리고 그런 관계는 결국 버거워지고, 언젠가는 터지기 마련입니다.

관계 속에서 나를 지키는 연습을 이마고 이론에서 '경계 boundary'는 감정 분리의 중요한 요소를 추천합니다. 누군가의 감정을 내가 책임지려 들지 않고, 나의 감정을 상대가 통제하지 못하게 하는 것. 예를 들어, 상대가 화를 냈다고 내가 자동으로 죄책감을 느낀다면, 그건 경계가 무너졌다는 뜻입니다.

"그 사람이 기분이 나쁜 건 나 때문일까?"
"내가 뭘 잘못했나?"

이런 생각이 반복된다면, 이미 나는 상대의 감정에 과도하게 개입된 상태입니다. 이럴 때 필요한 것이, 아주 단순한 한 마디입니다.

"지금은 내가 지쳐서 도와줄 수 없어."
"그 이야기는 지금 말하기 어려워."
"이건 나에게 중요한 선택이야."

처음엔 낯설고 어색하지만, 말하고 나면 마음속에 이상하게 평안이 찾아옵니다. 그건 나 자신이 나를 지켜냈다는 작은 자존감의 회복입니다. '좋은 사람'이 되기보다 '진짜 나'로 살아가기 "착한 사람으로 보여야 한다"는 강박은, 우리로 하여금 자기 경계를 포기하게 만듭니다. 하지만 좋은 관계는 '모든 걸 들어주는 사람'이 아니라, '서로 존중하는 사람' 사이에서 만들어집니다.

상대에게 "싫어요"라고 말할 수 있는 용기는 "나는 다르게 생각해요"라고 말할 수 있는 진심은, 그 사람을 밀어내는 것이 아니라, 진짜 나로서 그 사람과 연결되려는 노력입니다. 경계는 차가움이 아닙니다. 경계는 두려움이 아닙니다.

  경계는 나를 지키는 일이며, 동시에 상대를 존중하는 방식입니다. 사랑하는 사람에게 "괜찮지 않아"라고 말할 수 있어야 비로소 그 사랑은 진짜 관계로 자랍니다. 더 이상, 참는 것이 미덕인 줄 알지 않아도 괜찮습니다. 이제는 나를 지키는 말 한 마디를 배워갈 시간입니다. 'NO'는 나쁜 말이 아니라, 나를 존중하는 언어입니다.

사소한 말 한마디가 관계를 바꾼다
: 말의 온도 조절법
- 공감 기반 소통 실전

> "사람들은 당신이 한 말을 잊을 수도 있고, 당신이 한 행동도 잊을 수 있습니다. 하지만 그들이 당신 때문에 느꼈던 감정은 절대 잊지 않습니다."
> —Carl W. Buehner

"그 말을 꼭 그렇게 하셨어야 했나요?"

누군가의 말 한마디가 하루 종일 마음에 남아, 괜히 울컥하고, 생각이 꼬리를 물며 이어졌던 경험. 아마 누구나 한 번쯤은 그런 순간을 겪어보셨을 것입니다. 반대로, 따뜻한 한마디에 다시 살아갈 힘을 얻었던 기억 또한 있으시겠지요.

말은 눈에 보이지 않지만, 마음속 감정에는 분명하고 생생한 파장을 남깁니다. 특히 가까운 관계일수록, 아주 사소한 표현 하나가 관계의 온도를 결정짓습니다. 말은 종종 사실factor이 아니라 느낌feeling으로 남습니다. 사람은 누군가의 말을 논리적으로 기억하기보다, 그 말이 자신에게 어떤 감정으로 다가왔는가로 오래 기억합니다.

같은 의미의 말이라 해도, "왜 그랬어?"라는 말과 "혹시 무슨 일이 있으셨어요?"는 전혀 다르게 들립니다. 이 차이는 말의 '톤'과 '온도', 즉 공감의 유무에서 비롯됩니다. 이마고 치료에서는 말하기보다 먼저 경청하고, 상대의 감정을 반영Mirroring하는 태도를 중요하게 여깁니다.

그 이유는, 우리가 실제로 원하는 것이 '정답'이 아니라 "틀렸다는 느낌"을 벗고 싶은 마음이기 때문입니다.

우리는 종종 말로 인해 상처를 주거나 받습니다. 말은 눈에 보이지 않지만, 그 울림은 사람의 마음 깊숙이 닿습니다. 관계 안에서 오가는 말 한마디 한마디는 단순한 정보 전달을 넘어, 감정의 전달자 역할을 하며 관계의 온도를 좌우합니다.

그중에서도 특히 조심해야 할 말들이 있습니다. "넌 항상 그래." "도대체 왜 그렇게 해?"처럼 비난조의 말은 상대의 방어

심을 자극하고 마음의 문을 닫게 만듭니다. 또한 "그건 네가 틀렸어."와 같이 단정하는 말은 감정의 흐름을 차단하고, 진심 어린 대화를 어렵게 만듭니다. 더 나아가 "다른 사람은 안 그러던데?"라는 비교의 언어는 상대에게 수치심을 안기고, 관계에 금을 가게 합니다. 이처럼 판단, 비난, 비교는 관계의 뿌리를 마르게 하는 말의 습관입니다.

반면, "그때 정말 속상했겠다."는 말은 상대의 감정을 반영 Mirroring 하며 그 사람의 이야기를 진심으로 듣고 있다는 메시지를 전달합니다. "그럴 수도 있겠어."와 같은 인정 Validation 의 말은 판단 없이 수용한다는 신호를 보내며, 대화의 문을 활짝 엽니다. "그 말을 들으니 나도 마음이 무거워."라는 공감 Empathy 의 언어는 정서적 거리를 좁히고, 마음을 맞대는 다리가 됩니다. 결국 말의 선택이 곧 관계의 방향을 결정짓는 것입니다.

우리는 지금 어떤 말을 선택하고 있나요? 때로는 말을 줄이고, 상대의 감정을 반영하고, 조용히 곁에 있어주는 것이 더 많은 것을 말해줍니다. 관계는 말로 엮이지만, 마음은 공감의 온기로 연결됩니다.

실제 대화 속에서 경험한 변화들

제가 직접 경험한 대화의 변화를 몇 가지 공유하고 싶습니다.

• 상황 1

남편과의 갈등 상황 예전 방식: "당신은 맨날 그래. 나한테 관심도 없으면서 왜 결혼했어?"

새로운 방식: "나는 지금 당신과 멀어진 기분이 들어. 우리가 더 가까워질 수 있는 방법이 있을까?"

첫 번째 말은 상대를 방어하게 만들고 관계를 닫게 합니다. 하지만 두 번째 말은 문제 해결에 집중하게 만들고, 함께 방법을 찾아보자는 초대가 됩니다.

• 상황 2

성인 자녀와의 대화 예전 방식: "엄마가 얼마나 고생해서 너를 키웠는데, 그렇게밖에 못해?"

새로운 방식: "엄마는 네가 걱정돼서 그래. 네 마음도 이해하지만, 엄마 마음도 좀 들어줄 수 있을까?"

말의 온도를 조절하는 구체적 방법들

• 3초 멈춤 기법 말하고 싶은 말이 목구멍까지 올라왔을 때, 3초만 멈춥니다. 그리고 이렇게 자문합니다: "이 말이 관계를 가깝게 할까, 멀게 할까?"

- I 메시지로 바꾸기 "너는 왜 그래?"를 "나는 이렇게 느껴"로 바꿉니다. 이것만으로도 대화의 온도가 달라집니다.
- 감정 뒤의 욕구 찾기 화가 났을 때는 "나는 지금 화가 나. 그런데 정말 원하는 건 이해받는 것 같아"라고 한 층 더 깊이 들어갑니다.
- 상대의 마음 확인하기 "내가 이해한 게 맞나? 당신은 지금 이런 기분인 거지?"라고 확인하는 습관을 기릅니다.

우리는 연결되기를 원한다.
: 다시 가까워지기 위한 감정 기술 복습
- 작지만 진심인 회복의 대화

살다 보면, 아주 가까웠던 사람과도 멀어질 수 있습니다. 말 한마디로 마음이 다치고, 이해받지 못한 감정이 쌓이다 보면, 어느 순간 대화는 끊기고 마음은 담을 쌓게 되지요. 하지만 아이러니하게도, 우리는 결국 '다시 연결되고 싶다'는 갈망을 품고 살아갑니다. 그러기 위해서, 우리는 감정에 대한 몇 가지 중요한 기술을 다시 복습할 필요가 있습니다.

이마고 대화에서 강조하는 것처럼, 회복의 대화는 거창하거나 복잡하지 않습니다.

"그때 속상했겠다."

"미안했어. 그땐 나도 너무 지쳐 있었거든."

"이야기해줘서 고마워."

이 짧고 조심스러운 말들이 마음을 다시 열게 합니다.

진심은 목소리의 크기가 아니라, 태도에서 드러납니다. 공감은 상대의 입장에 서려는 노력에서 시작되며, 감정 반영은 '내가 들었고, 느꼈다'는 존재의 확인입니다. 우리 모두는 누군가에게 "네가 그렇다고 느끼는 것, 이해돼."라는 말을 듣고 싶어 합니다.

그 말 한마디가 다시 연결의 끈을 잇는 시작이 되지요. 그리고 때로는 '잘 들어주는 태도' 하나로도, 상처받은 관계는 회복의 가능성을 품습니다. '해결'을 위한 조언보다, 그냥 옆에 있어주는 '함께함'이 훨씬 큰 힘이 될 때가 많습니다.

대화를 되돌릴 수 있는 건 재치 있는 말솜씨나 논리가 아니라, 마음에서 나온 따뜻한 언어입니다. 이제 우리는 묻습니다.

지금, 내가 사랑하는 사람과의 관계에서 진짜 필요한 건 무엇일까? 정답은 어쩌면, "다시 가까워지고 싶다"는 이 한마디의 진심일지도 모릅니다.

그리고 그 진심은, 사소해 보이는 작은 회복의 말로부터 시작됩니다.

"가장 깊은 치유는, '당신의 아픔을 함께 느낍니다'라는 말 없는 공감에서 시작된다."

-브레네 브라운 (Brené Brown), 『진심으로 산다는 것 (Daring Greatly)』

진정한 연결을 위한 작은 시도들

연결은 거창한 대화나 깊은 고백에서만 일어나는 것이 아닙니다. 오히려 일상의 작은 순간들에서 더 자주 경험됩니다. "오늘 어땠어?"라는 질문의 힘이 평범한 질문도 진심으로 물으면 달라집니다. 스마트폰을 내려놓고, 눈을 마주보며, 정말 궁금한 마음으로 묻는 것. 그리고 대답을 끝까지 듣는 것. 이것만으로도 관계는 조금씩 가까워집니다.

"나도 그런 적 있어"라는 공감의 말 상대가 힘든 이야기를 할 때, 조언이나 해결책보다는 "나도 그런 적 있어. 정말 힘들었지"라는 공감이 더 큰 위로가 됩니다. "고마워"라는 말의 구체성 "고마워"보다는 "네가 그때 그 말을 해줘서 정말 고마웠어. 그 덕분에 용기가 났거든"처럼 구체적으로 말하면 상대는 더 깊은 인정받음을 느낍니다.

거리두기와 다가가기의 균형

건강한 관계는 적당한 거리와 친밀함의 균형에서 만들어집니다. 너무 가까우면 숨이 막히고, 너무 멀면 외로워집니다. 개인 공간 존중하기 "혼자 있고 싶을 때는 말해. 나는 기다릴 수 있어"라는 메시지를 전달하는 것이 중요합니다. 함께하는 시간의 질양보다는 질입니다. 짧더라도 서로에게 온전히 집중하는 시간이 몇 시간을 함께 있으면서도 각자 딴 생각을 하는 것보다 훨씬 의미 있습니다.

【적용】

1) 이마고 대화법 연습 시나리오

- 상황: 가족과 의견 충돌이 있을 때
- 예: 어머니가 자녀의 일정을 본인 뜻대로 결정하려 할 때

기존 대화 방식 (갈등 유발)

"왜 맘대로 하세요?", "제 얘기는 들으실 생각도 없으시잖아요."
→ 상대방은 비난받는 느낌을 받고 방어적으로 반응하게 됨

이마고 대화법으로 바꾸기

- **1단계: 반영 (Mirroring)**

"어머니께서는 제가 이번 모임에 꼭 참석해야 한다고 생각하시는군요." → 상대의 말을 있는 그대로 반영해서 되짚어줌

- **2단계: 인정 (Validation)**

"그럴 수 있겠어요. 어머니 입장에선 저도 가족의 일원이니까 함께하길 바라시는 거죠." → 상대의 입장이 '그럴 만하다'는 정당성을 인정

- **3단계: 공감 (Empathy)**

"아마 제가 빠지면 서운하시고 걱정도 되셨을 것 같아요."
→ 상대의 감정에 마음을 연결해주는 공감 표현

2) 갈등 상황별 대응 스크립트를 추천합니다

1. 경청하고 공감하기 (일반적인 초기 대응)
스크립트 예시: "말씀하시는 것을 이해하기 위해 듣고 있습니다. 어떤 부분이 가장 힘드셨는지 자세히 말씀해 주시겠어요?" "아, 그러셨군요. (상대방의 감정을 반영하며) 정말 속상하시겠어요." "제가 정확히 이해했는지 확인하기 위해 다시 말씀드려도 될까요? 제가 듣기로는 [상대방의 요지 요약]이라고 하셨는데, 맞나요?"

2. '나' 메시지 사용하기 (비난 대신 자신의 감정 표현)
스크립트 예시: "당신이 [상대방의 행동]할 때, 저는 [나의 감정]을 느낍니다. 왜냐하면 [그 행동이 나에게 미치는 영향] 때문입니다." "저는 [상대방의 행동]으로 인해 [나의 감정]을 느끼고 있고, 이 문제를 함께 해결하고 싶습니다." "제가 느끼기에는 [나의 감정]이 들고, 이 상황이 개선되었으면 합니다."

3. 문제에 집중하고 해결책 모색하기 (해결 지향적 접근)
스크립트 예시: "이 상황에서 우리가 함께 무엇을 할 수 있을까요?" "우리의 목표는 이 문제를 해결하는 것이라고 생각합니다. 어떤 아이디어가 있으신가요?" "서로에게 도움이 되는 방법을 찾아보고 싶습니다. 어떻게 생각하세요?" "제안을 하

나 드려도 될까요? [구체적인 해결책 제안]은 어떠신가요?"

4. 대화 중단 및 재개 (감정 격화 시)
스크립트 예시: "잠시 감정이 격해진 것 같습니다. 잠시 쉬었다가 [몇 분 후 또는 다음날] 다시 이야기하는 것이 좋을 것 같아요." "지금은 서로에게 도움이 되는 대화가 어려운 것 같습니다. 잠시 시간을 가진 후 좀 더 차분하게 이야기하고 싶습니다."

5. 한계 설정 및 존중 요청 (선을 넘는 행동에 대응)
스크립트 예시: "지금 말씀하시는 방식은 저에게 불쾌합니다. 서로 존중하는 태도로 이야기했으면 합니다." "개인적인 비난은 삼가 주셨으면 합니다. 문제에 대해서만 이야기하고 싶습니다."

6. 효과적인 갈등 대응을 위한 추가 팁
- 차분한 목소리 유지: 목소리가 높아지거나 감정적으로 변하지 않도록 노력하세요.
- 열린 자세: 상대방의 의견을 들을 준비가 되어 있음을 보여주세요.
- 비언어적 신호 활용: 상대방을 응시하고, 팔짱을 끼지 않는 등 개방적인 자세를 취하세요.
- 타이밍: 감정이 안정되었을 때 대화하는 것이 좋습니다.
- 결과 예측: 최악의 상황과 최선의 상황을 모두 고려하여 대응 계획을 세우세요.

3) 경계 설정 연습 문장들

1. 나의 감정 표현하기
"저는 지금 [특정 감정, 예: 피곤함, 불편함]을 느껴요. 그래서 [원하는 행동, 예: 잠시 혼자 있을 시간이 필요해요]."

"당신이 [특정 행동, 예: 계속 말을 끊을 때] 저는 [특정 감정, 예: 제 의견이 존중받지 못한다고] 느껴요."

"이 주제에 대해 이야기할 때 [특정 감정, 예: 압도되거나 불안함]을 느껴서 잠시 멈추고 싶어요."

2. 나의 필요와 한계 알리기
"저는 [특정 행동, 예: 큰 소리로 말하는 것]은 괜찮지 않아요."

"지금은 [요청 사항, 예: 조용한 시간]이 필요해요."

"이 이야기는 [특정 시간, 예: 나중에 다시 이야기]하는 게 좋을 것 같아요."

"제가 [특정 행동, 예: 모든 것을 다 할 수는 없으니] 이 부분에 대해서는 [특정 요청, 예: 당신의 도움이 필요해요]."

"저는 [특정 상황, 예: 제가 개인적인 공간에 있을 때] 방해받고 싶지 않아요."

"그 문제는 제가 관여할 수 있는 범위 밖이에요."

"죄송하지만, 그 요청은 들어줄 수 없을 것 같아요."

3. 구체적인 행동 요청하기

"다음에 [특정 상황, 예: 저희가 다투게 될 때] [원하는 행동, 예: 잠시 멈추고 각자의 생각을 정리하는 시간]을 가졌으면 좋겠어요."

"당신이 [특정 행동, 예: 저에게 질문하기 전에 먼저 제 말을 끝까지 들어줬으면] 좋겠어요."

"제가 [특정 행동, 예: 다른 사람 앞에서 제 약점을 이야기하지 않았으면] 좋겠어요."

4. 타임아웃 요청하기

"잠시 대화를 멈추고 싶어요. [시간, 예: 30분 후]에 다시 이야기할 수 있을까요?"

"지금은 제가 좀 진정해야 할 것 같아요. 잠시 후에 다시 이야기해요."

"이 논의는 너무 감정적이 되는 것 같아요. 잠시 쉬는 시간을 가져요."

5. 팁

- '나' 메시지 사용하기: 상대방을 비난하기보다는 당신의 감정과 필요에 초점을 맞추세요. ("당신은 항상 나를 방해해" 대신 "당신이 내 말을 끊을 때 나는 내 의견이 중요하지 않다고 느껴.")
- 간결하고 명확하게: 빙빙 돌려 말하지 말고, 당신이 원하는 바를 분명하게 전달하세요.
- 차분하고 단호하게: 화를 내거나 소극적으로 행동하기보다는, 당신의 경계를 존중받을 자격이 있다는 확신을 가지고 말하세요.
- 반복할 준비하기: 상대방이 당신의 경계를 한 번에 이해하지 못할 수도 있습니다. 필요하다면 차분하게 다시 반복하세요.

3부

엄마를 다시 만나다

―

어머니의 상처를 바라보는 법,

세대 간 고통의 이해

엄마도 한때는 딸이었다
- 엄마의 과거를 상상해보는 시간

"그녀는 언제부터 엄마였을까요. 엄마가 되기 전, 그녀의 이름은 무엇이었을까요."

우리가 '엄마'라고 부르는 분은 사실 한 명의 '여성'이고, 그 이전엔 누군가의 딸이었고, 친구였으며, 어린 소녀이기도 했습니다.

1940년대생 어머니들은 전쟁, 가난으로부터 생존 우선이었습니다. 1970년대생 딸들은 그것을 교육과 성취로 자아실현

욕구들을 대치하고 있었습니다. 삶의 목적과 욕망은 같은 것이지만 서로 너무나도 다른 언어를 사용하고 있었음을 인정해야만 합니다.

1950년대를 살아간 여성들에게 '꿈'이라는 것은 사치였습니다. 6.25 동란의 상흔이 채 아물기도 전에, 여성들은 생존을 위해 모든 것을 포기해야 했습니다. 어머니가 스무 살이 되던 해, 그 분에게는 어떤 선택권이 있었을까요? 학업을 계속할 것인가, 결혼을 할 것인가? 하지만 그런 선택조차 사실은 사치였을지도 모릅니다. 전쟁으로 모든 것을 잃은 가족에게는 딸의 결혼이 곧 생존의 문제였으니까요.

꽁꽁 언 두 손으로 재봉틀을 돌리며, 어머니는 무슨 생각을 하셨을까요? 혹시 가끔 씩은 "나도 책을 읽고 싶다", "나도 예쁜 옷을 입고 싶다"는 생각을 하지 않으셨을까요? 하지만 그런 생각조차 금세 밀어내셨을 것입니다. 그럴 여유가 없었으니까요.

꿈을 접어야 했던 순간들

혹시 어머니에게도 좋아하는 남자가 있었을까요? 설레는 마음으로 편지를 주고받고, 몰래 만나서 미래를 꿈꾸던 그런 사랑 말입니다. 하지만 그 사랑은 현실 앞에서 접어야 했을 것입니다. 사랑보다는 안정이, 마음보다는 조건이 우선시되던 시대였으니까요.

결혼 후에도 어머니의 꿈들은 하나씩 사라졌을 것입니다. 임신과 출산, 육아와 가사, 시댁 식구들과의 관계... 그 모든 것들이 어머니의 개인적인 욕구를 조금씩 지워갔을 것입니다. 그렇게 어머니는 '여자'에서 '아내'로, '아내'에서 '어머니'로, '어머니'에서 '시어머니'로 역할만 바뀌며 살아오셨습니다. 정작 '나 자신'으로 살 수 있는 시간은 얼마나 되었을까요?

하지만 우리는 너무 오랜 시간, 엄마를 '엄마'로만 바라보며 살아왔습니다. 가까운 존재이기에 더 깊이 들여다보지 못했던 삶이었는지도 모릅니다. 저는 가끔 상상해봅니다. 어머니가 열다섯 살이셨을 때, 좋아하시던 노래는 무엇이었을까.

사실 나의 엄마는 나에게 철없이 아버지와 결혼하기 전에 옆동네 살던 노래 잘 부르던 남자가 있어 엄마네 집 앞에 자주 와서 만나자고 했다고 솔직하게 말씀하시곤 했습니다. 그만큼 저에게 딸이 아니라 친 동생처럼 얘기하려고 하셨습니다. 그리곤 결국 제가 장성해서 대학 다닐 때 같이 길거리에서 우연히 만나게 되었습니다. 얼마나 놀랬는지요. 그래도 그 때를 참 추억하며 웃곤 하셨습니다.

그런 꿈을 전쟁과 피난 속에 다 놓치고 오직 생계와 목숨을 위해 어린 나이에 가족의 책임을 지고, 감정을 숨기고, 돌봄과 헌신을 당연히 여기게 된 이름. 어머니께도 누군가의 품에 안기며 "괜찮다"고 위로받고 싶은 날들이 분명히 있었을 것입니다. 하지만 그 바람조차도 '엄마니까'라는 말 앞에 자주 미뤄졌을 것입니다.

지금에서야 비로소 깨닫습니다. 어머니는 저보다 먼저, 자신이 원치도 않았던 '엄마가 되느라' '자신을 잃어가신 분'이었다는 것 때문에 그렇게 엄마는 저를 자신의 분신으로 알고 애착했습니다.

그리고는 그렇게 아끼던 남아선호사상 '두 아들'만 아끼느라 정작 딸도 남편도 챙기지 못하고 자신도 병으로 마감을 하신 것, 그분의 인생은 '엄마'로 시작된 것이 아니라, '딸'로부터 시작되었고, 그 속엔 아직도 꺼내지 못한 많은 이야기와 감정들이 남아 있음을요.

"사실 저는 지금도 엄마를 다 이해하지 못해 무척 괴롭습니다. 그러나 조금씩 엄마의 과거를 이해하는 순간, 저는 지금의 제 감정도 이해할 수 있는 폭이 넓어진다는 것입니다."

어머니도 딸이었던 시간이 있었습니다. 그 시간은 지금의 제 삶과 연결되어 있습니다. 그래서 어머니를 바라보는 시선이 달라지는 순간, 저 자신을 바라보는 눈도 달라집니다.

그래서 저는 무단히도 그런 저의 고정관념, 잘못 각인된 패턴 등에서 부서지고 깨어져 나오느라 고통 합니다. 그리고 저의 어머니는 이미 하늘나라로 떠나셨지만 아직 내 안에 어머니의 그림자와 환영 그리고 이미지는 그대로 제 안에 있습니다.

그 시절엔 말할 수 없던 감정들
- 침묵 속에 감춰진 어머니의 아픔

"그 시절, 말하지 못했던 게 아니라 말할 수 없었습니다."
-이름 없는 모든 어머니들

어릴 적엔 알지 못했습니다. 왜 어머니가 늘 조용히 혼자 설거지를 하셨는지, 왜 아버지와 말다툼이 있는 날에는 아무 일도 없다는 듯 가족 밥상을 차리셨는지. 그때 저는 '엄마는 원래 그런 사람'이라 여겼습니다. 아버지는 밖으로 나가버리시곤 했지만 엄마는 그래도 집에서 일을 찾아 하셨습니다.

할머니(시어머니)와 힘든 일이 있어도 늘 잘 참고, 늘 가정을 먼저 생각하는 사람. 하지만 이제는 알 것 같습니다. 그 침묵이 감정 없음이 아니라, 도무지 말할 수 없는 감정들이었음을요.

그 시절의 어머니들에게 감정은 사치였습니다.

"피곤하다", "속상하다", "나도 좀 쉬고 싶다"는 말조차, 자기중심적이라거나, 약하다는 평가로 돌아올 수 있는 시대였습니다. 가난이 감정을 밀어냈고, 가족이 먼저라는 이름 아래 어머니는 자신의 슬픔을 잠그는 법부터 배워야 했습니다.

감정을 꾹꾹 눌러 담는 그 침묵 속엔 혹시 누구에게도 말하지 못한 외로움이 있었을까요? 딸인 저에게조차 꺼낼 수 없었던 회한과 상처가 있었겠지요. 그러나 그 마음은, 한 번도 사라진 적이 없었습니다.

그저 침묵이라는 옷을 입고 가족의 뒤에 조용히 서 있었던 것입니다. 이제 와서 돌이켜보면, 어머니의 말 없음은 '무관심'이 아니라 '견딤'이었습니다. 감정을 표현하는 법을 배우지 못해서가 아니라, 표현할 수 없는 환경에서 살아오셨기 때문에 선택한 방식이었습니다.

어떤 감정은 말을 잃고 몸으로만 남습니다. 나중에는 병으로 결국은 자녀들에게까지 그 고통을 떠 넘기는 약함을 보이셨습니다. 쉽게 짜증을 내시던 모습, 날카로운 반응들 속엔 미처 정리되지 못한 슬픔이 엉켜 있었을지도 모릅니다.

그 감정들이 말을 잃은 채, 다음 세대에게 전달되어 우리 안의 익숙한 분노, 불안, 회피로 이어졌습니다. 왜냐하면 "그 시대의 여성들은 사랑은 참고 견디는 것"이라 배웠습니다. 그러나 감정은 참는다고 사라지지 않습니다.

그 감정은 딸들에게 흘러 들어갑니다. 지금 저는 어머니가 말하지 않았던 감정을 듣고자 합니다. 말로 하지 않으셨지만, 그 모든 순간들이 메시지였습니다. 그리고 그 침묵을 이해하려는 이 여정이, 결국 제 안의 고요한 상처들을 마주하게 만듭니다.

어머니의 침묵은 저에게 말합니다. "나는 말하지 못했지만, 너는 말할 수 있기를." 이 음성이 제게도 와 닿기를 간절히 기도합니다. 그분의 침묵 너머로 저는 어머니의 사랑과 아픔을 동시에 느끼기를 기대합니다.

어머니의 분노, 혈기, 서툴렀던 모든 감정들을 이 땅 위에 남기시고 가볍게 떠나시기를 기도했기에 어머니는 이국 땅에서 많은 사람들의 기도 속에 잘 마무리 하셨습니다. 단 나의 서러움은 어머니와의 부정적 감정을 풀지 못했다는 것입니다.

그래서 그것이 저의 숙제이고 또 미해결 과제이지만 하나님의 은총으로 그 과제도 풀려지기를 기도할 뿐입니다. 아픈 감정을 손수건을 싸맨다고 될까요? 머리에서 지워내면 지워지나요? 절대 그렇지 않습니다. 결국은 저에게 흔적으로 남겨지지만 주님께서 이렇게 보여주셨습니다.

"나는 너희들을 위하여 내몸의 온 흔적으로 아직도 피를 흘리고 있고 이것은 영원히 지워지지 않는 상처"라고 하십니다. 그래서 "흔적이라고 하십니다. 왜냐하면 그 흔적이 보여야 온 인류가 구원을 받을 수 있기 때문"이라고 하셨습니다.

사랑하지만 표현은 서툴렀던 사람
- 엄마의 사랑 언어를 다시 해석하다

사랑은 항상 말로 표현되지 않습니다. 어떤 사랑은, 밥상 위에 놓인 된장국 한 그릇으로 전해 지기도 합니다. 어릴 적 저는 자주 헷갈렸습니다. 어머니가 저를 정말 사랑하시는 걸까? 왜 "사랑해"라는 말을 한 번도 해주시지 않는 걸까?

친구 집에 놀러 갔다가 친구 엄마가 "우리 딸 사랑해" 하고 안아주는 모습을 보며 괜히 부럽기도 했습니다. 하지만 집으로 돌아오면 어머니는 아버지와 사업으로 늘 바쁘셔서 늦게까지 엄마를 기다려야 했습니다.

지금 생각해 보면 돌아가실 때까지 한번도 우리딸 사랑한다하고 진심어린 사랑의 표현을 듣지 못한 것 같습니다. 그렇지만 그저 집안일 모든 것을 저와 의논하려 했고 그것이 엄마가 나에게 기대했던 사랑의 표현이었습니다.

그 말 속엔 '너는 장녀고 내 딸이야 그러니까 너는 늘 잘 할 거야'하는 엄마만의 사인이 있었던 것 같습니다. 그리고 무엇보다 '나는 너를 늘 마음에 두고 있다'는 뜻이 숨어 있었던 뜻이겠지요." 저는 그것이 늘 부담되었습니다. 어머니 세대의 사랑은 직접적이지 않았습니다.

그들은 '표현'을 배우지 못한 시대를 살았습니다. 사랑을 말하는 법보다는 '가족을 책임지는 법', 눈물을 흘리기보다는 '버텨내는 법'을 먼저 배워야 했던 세대였기 때문입니다. 그렇습니다. 6.25 동란을 거치고 이북에서 내려오셔서 무일푼으로 아버지와 새삶을 시작했습니다.

꽁꽁 언 두 손으로 명찰가게에서 재봉틀을 돌려야했고 날마다 10식구를 밥을 하셔야 했다고 했습니다. 다행히 축복받아 사업도 가게도 잘 됐지만 아버지 형제들은 날마다 와서 생활비

가져가기만을 구했고 엄마는 늘 퍼다나르는 시댁식구들 등살에 아버지와의 사랑도 자녀들간의 사랑표현도 해본적이 없다고 돌아가실 때까지 불평하셨습니다.

그러니 사랑하지만 손을 내미는 법을 몰랐고, 아끼지만 그것을 말로 전할 용기를 갖지 못했던 사람. 어머니는 k 장녀의 원조이셨습니다. 아버지와 같이 사업하시면서 생활수단 능력을 좋아지셨지만 정말 느껴야 할 가정의 행복, 서로 간의 사랑의 표현 그리고 신뢰를 쌓아가는 복된 나눔들이 정말 없었던 것으로 기억합니다.

그러나 그 사랑은 분명히 존재했습니다. 몸살 감기로 심하게 걸려 꼼짝 못하고 누워있을 때 기억나는 한 가지는 엄마는 방에 오셔서 약을 주시면서 저를 꼭 끌어안았습니다. '엄마 감기 옮아' 그랬더니 '그까짓 감기 가지고 왜 누워있느냐' 하시면서 '나한테 다 옮겨라 나는 괜찮아' 하셨던 기억이 생생합니다. 이때 내가 갓 20살 좀 넘어 대학 초년생이던 기억이 납니다.

엄마는 남장부 같아서 아버지 사업 실패했을 때도 우리를 살리시느라 고생하셨고 그 고생을 나와 같이 제일 많이 나누었습니다. 기도원도 같이 다니고 그런데 늘 엄마의 기도 제목을 돈 많이 벌어 다시 옛날처럼 잘 사는 것이었습니다.

사실 주님은 우리 가정을 그렇게 인도하실 수 없었기에 아들 둘, 딸 둘이 있는데 딸 가정은 모두 목회자 가정입니다. 아들 둘은 해외에 나가 부모님을 잘 모시고 살 줄 알았는데 잘못된 어머니의 욕망으로 지금 두 형제의 가정이 남아계신 아버지 한 분을 제대로 돌봐드리지 못하고 있습니다.

이제 저는 할 일은 다 했다고 생각합니다. 오직 목회자로서 부모님의 영원한 천국의 소망이 이루어지기를 간절히 목놓아 부르짖을 뿐입니다.

모녀 사이에 흐르는 감정의 유전자
- 세대를 잇는 감정 패턴의 반복

"우리의 감정은 혈연처럼 흐릅니다. 말하지 않아도, 이름 짓지 않아도, 고요히 그리고 정확히 다음 세대로 전해집니다."
-심리학자 존 브래드쇼(John Bradshaw)

어느 날 문득, 제 안의 감정을 들여다보다가 멈칫했던 적이 있습니다.

'왜 나는 이렇게 쉽게 눈치를 볼까?'
'왜 누군가의 작은 말에도 마음이 크게 흔들릴까?'

그 감정들이 단지 저의 성격 탓은 아니라는 걸 알게 되기까지, 저는 꽤 오랜 시간이 필요했습니다.

그리고 깨달았습니다. 그 감정의 뿌리는 나 혼자 만들어낸 것이 아니었다는 것을요. 어머니가 감정을 참았던 방식, 표현 대신 침묵을 선택했던 기억, 자신보다 가족을 먼저 생각했던 삶의 태도가 조용히 제 안에도 뿌리내리고 있었던 것입니다.

어머니는 어린 시절 감정을 표현하면 '이기적'이라는 소리를 들으셨다고 했습니다. 슬프다고 말하면 "그깟 일로 울지 마", 힘들다고 하면 "다 그렇게 사는 거야"라는 말이 먼저 돌아왔던 시대. 그 시절의 딸들은 감정보다 책임을 먼저 배웠고, '잘 참는 사람'이 '잘 자란 딸'로 인정받는 시대였습니다.

그 감정의 패턴은 어머니의 내면에 남았고, 그 내면은 또 다른 딸인 저에게 고스란히 전해졌습니다. 표현하지 못한 감정은 다음 세대에게 질문이 되어 도착합니다.

"왜 나는 이렇게 말하는 게 어려울까?"
"왜 마음보다 얼굴이 먼저 웃게 될까?"

정서적 유산은 유전자처럼 다음 세대에게 전달됩니다.

저는 어머니의 감정 패턴을 이해하면서, 제 안에 있었던 익숙한 감정들을 새롭게 보기 시작했습니다. 그동안 '나답지 않다'고 여겼던 반응들, '왜 이럴까' 하고 자책했던 감정들은 사실 사랑받기 위해 배운 생존 방식이었을지도 모릅니다. 저는 아직도 엄마의 감정 패턴이 어떤 실체인지 직면하기가 어렵습니다.

왜 그렇게 행복하지 않은 선택을 해서 스스로 힘들게 하고 훨씬 더 즐겁게 살수 있었던 그 분이 단지 젊어서 이루지 못한 꿈을 자식들에게 대 물림하며 못다한 성공에 대한 열망을 특히 저에게 한풀이를 했는지, 미성숙했던 어머니의 감정이 저는 지금도 나에게 영향을 끼치고 있음을 깨달을 때 그때마다 스스로를 소스라치게 놀라며 다시 드려다 보게 됩니다.

늘 감정 패턴을 반복하고 싶지 않아 끊임없이 기도하고 새로운 삶의 역량을 시도하곤 합니다.

말하지 못하고, 표현하지 못했지만 어떻게든 저를 잘 키우고자 버텨내신 그 세월이 그렇게 행복하셨을까 하고 말입니다.

정말 진정한 행복은 무엇일까?

말하지 못했던 세대의 사랑을, 말할 수 있는 세대의 언어로 다시 써 내려가는 것. 그것이 우리가 엄마로부터 받은 감정의 유산을 새로운 사랑으로 바꾸어주는 길입니다. 그래서 이렇게 다시 펜을 들고 글을 써내려 갑니다. 어머니의 감정 유산이 새로운 사랑의 언어로 바뀌기를 기원합니다.

엄마는 왜 늘 불안했을까
- 통제와 걱정 뒤에 숨어 있던 두려움

"통제는 사랑의 반대가 아니다. 통제는 사랑이 불안할 때 나오는 방어일 뿐이다."
–테레사 와이즈먼(Teresa Wiseman), 간호학자

"늦게 다니지 마라."
"돈은 아껴 써야지."
"그 옷은 너무 야하지 않니?"
"네가 그러고 다니면 엄마가 욕먹잖니."

어머니들의 말은 언제나 '걱정'으로 시작되고, '통제'로 끝난 것처럼 보였지만 저의 가정은 그렇지 않았습니다.

도리어 남자처럼 활발하게 나가서 활동하고 돈을 벌어오라

는 그런 무언의 강요가 많았습니다. 저의 역량으로는 참 힘들었습니다. 그래서 길들여진 것이 내가 잘 치는 피아노를 가르쳐 어머니의 기대에 벗어나면 안되겠다고 생각하며 저 스스로를 세뇌했습니다.

일단 착한 딸, k 장녀여야 했으니까요. 그때 아버지는 사업에 실패하셔서 도피 생활 겸 거의 집안에서 무능하게 수십년을 보내셨습니다. 정말 그 말들이 참 답답하고 숨 막혔습니다. 저는 교회 반주하며 유명한 피아니스트 오르가니스트가 되고 싶었습니다.

그런데 우리 집은 너무나 나를 뒷받침 해 줄 여유가 없었습니다. 도리어 돈을 벌어 먹고 살았어야 했으니까요. 삶의 목표가 달랐습니다. 너무 너무 지쳐 나중에 결국 저는 집을 나왔습니다. 기도원에 가기도 했고 교회로 나가 집안 돌보는 일에서 도피하고 싶었습니다.

세상적으로 사치하고 돈을 물 쓰듯 쓰고 싶어하는 엄마의 욕망 그리고 각자 이제는 결혼하여 가정을 만들어가는 아들들의 가정과 저는 맞출 수가 없었습니다. 게다가 저는 그 어려운 중에 결혼하여 살고 있었는데 그나마 남편이 신장 이식 수술하고 바로 하늘의 부름을 받고 세상을 마감했습니다.

하늘이 껌정색이었던 기억밖에 없습니다. 그때는 정말 갈 곳이 없었습니다. 친정도 뛰어나왔고 그나마 시집에서 살던 생활을 정리할 수밖에 없는 그런 고아 같은 처지가 되어 그동안 섬겼던 개척교회 지하방에서 1주일이면 5일을 지내고 주말에 다시 시집으로 가서 신대원 생활을 시작했습니다.

그때도 친정에서는 나를 돕지 않았고 와서 같이 지내자고 한 사람 한 사람도 없었습니다. 이쯤 되면 친정어머니는 나를 어떻게 해서라도 살리려고 했어야 하는 것 아닌가요? 불쌍하다고 얼마나 힘드냐고 밥 한끼라도 제대로 먹여야 하는 것 아닙니까? 한번도 안 그렇게 했습니다.

어머니는 무엇이 불안하셨는지 자녀들 다 혼인했으니 자신은 할 일을 다했다고 생각하셨는지 교회에서 낭비벽이 심한 사람들과 다니시며 자신의 욕망을 다른 방향으로 드러내기 시작했습니다. 저는 그때 이미 신대원 생활에 완전히 훈련되어 친정과 이미 담을 쌓고 교류를 할 수가 없었습니다.

저는 이제 어머니의 본능이 어디까지 미쳤는지를 깨닫게 되었습니다. 그래서 더 이상 그 잘못되어진 감정의 패턴을 내 안의 그림자로 삼으면 안된다는 것을 계속해서 각인하고 벗어나려고 노력을 합니다. 주님께서 그 때마다 저를 붙드시는 역사가 있음을 믿고 간절히 하나님 앞에서의 삶을 살려고 합니다.

어머니는 사랑과 진실 앞에 두려움이 많으셨습니다. 하나님의 사랑도 받기를 힘들어 하셨고 배우자인 아버지와의 사랑도 나누기 힘들어 하셨습니다. 참 안타까운 실정이지만 그런 자신에 대한 두려움은 인간 실존에 대한 하나님 사랑의 표징이 엄마에게 가까이 가기 힘들었다는 사실을 이제 직감하고 있습니다.

인간의 근원이 어디에 있으며 어디로 다시 돌아감을 확신했다면 어떤 상황이었더라도 어머니는 행복했을 것입니다. 지금이라도 제가 그 어머니의 고통을 볼 수 있게 되어서 감사할 뿐입니다.

그날, 엄마에게 화를 냈던 이유
- 분노 뒤에 감춰진 상처 들여다보기

"진짜 분노는, 이해받고 싶다는 마음에서 시작된다."
— 토마스 무어(Thomas Moore),
『Soul Mates』에서 영감을 받아 의역한 문장

그날 저는 어머니에게 소리를 질렀습니다. 차마 입 밖으로 내지 못했던 말들, 속에 꾹꾹 눌러 담아두었던 감정들이 한꺼번에 터져 나왔습니다. "왜 엄마는 맨날 그런 식이야!" 어떻게 딸들한테 그렇게 할 수가 있어?

이렇게 제가 분노를 터뜨리는 것은 먼저 엄마가 늘 하던대로 말도 안되는 요구를 하시기에 이제는 더 이상 들어드릴 수가 없어서 처음 강하게 'NO' 라고 했던 시간부터 엄마와의 관계에서 단절이 되었습니다.

너무나 오랜 기간 쌓여있던 감정이 폭발하고 그 곪아 터진 상처는 찢기고 터졌습니다. 그 안에서 피는 또 흐르기 시작했습니다. 제가 이렇게 아픈 것처럼 엄마도 아팠을 것입니다. 엄마는 일방적으로 특히 저는 엄마의 분신이었습니다. 그래서 뭐든 소리 질러 요청하면 다 되야 하는 그런 관계로 삼고 살았습니다.

그렇지만 제가 목회자가 되고 거리적으로 멀리 떨어져 사신 후로는 거리감을 두고 살게 되었습니다. 하지만 제가 재혼 가정을 이루고 든든히 살아가게 되니까 엄마는 또 예전의 관행이 터지기 시작했습니다.

그러나 이제는 '나도 아니요'라고 말 할 수 있을 만큼 충분히 달라지고 있었습니다. 그리고 때로는 그때 괜히 그랬는가 싶다가도 요즘에 와서는 그때 거절하지 않았으면 지금까지도 평생 묶여 이들의 관행에 묶여 살았을 것임이 분명하게 보이고 있다는 것입니다.

이제는 엄마와의 갈등과 분노에 대한 나의 감춰진 상처를 돌아보게 됩니다. 그리고 문득 스스로에게 물었습니다. '나는 왜 그렇게 화를 냈을까?' 분노는 대개 첫 번째 감정이 아닙니다. 그보다는 가장 마지막까지 참은 감정, 속 깊은 곳의 슬픔, 외로움, 상처가 모여 끝내 터져버린 것이 분노입니다.

어머니와의 오랜 관계 속에서 저는 자주 이해받지 못했다는 느낌, 늘 기준에 맞춰야만 사랑받는 존재라는 부담감, 있는 그대로의 나로는 부족하다는 상처를 조용히 품고 살아왔습니다. 아직도 나는 그런 나의 그림자에서 벗어나지 못해 너무 고통받고 있을 때가 한 두 번이 아니라는 것 그게 바로 저의 상처의 본체입니다.

'내 딸은 나처럼은 안 되게'라는 말의 무게
- 모성과 자아의 경계 설정하기

> "자녀에게 해주고 싶은 것이 있다면, 그것은 바로 자신의 삶을 살아가는 모습을 보여주는 것이다."
> -칼 구스타프 융(Carl Jung), 『기억, 꿈, 사색』, 1961

"내 딸은 나처럼은 안 되게."

이 말은 한없이 다정하면서도, 묘한 무게를 품고 있습니다. 처음 들었을 땐, 사랑의 다른 표현이라 여겼습니다. 하지만 시간이 지나고 나서야 알게 되었습니다. 그 말은 어쩌면, 어머니가 자신의 삶을 살아내지 못한 아픔이 투영된 문장이었다는 것을요.

많은 어머니들이 말합니다.

"나는 참았지만, 너는 참지 말아라."
"나는 희생했지만, 너는 너 자신을 살아라."

그런 말에는 분명 자식에 대한 깊은 사랑이 담겨 있습니다. 하지만 그 안에는 또 다른 무의식의 그림자, 즉 '나는 그렇게 살 수 없었으니, 너라도 그렇게 살아줘야 한다'는 기대와 투사가 숨어 있을 때가 있습니다.

그 기대는 때때로 딸에게 무거운 책임이 됩니다.

"나는 엄마보다 더 나은 사람이 되어야 해."
"엄마가 못 이룬 꿈을 내가 대신 이뤄야 해."

그런 마음으로 딸은 자신의 욕구보다, 어머니의 기대에 민감하게 반응하게 됩니다. 결국 자신의 삶과 정체성의 경계는 점점 흐릿해집니다.

"어머니의 삶을 안타까워하면서, 나는 어느새 그 삶을 반복하고 있었다."   － 저자 에스터 페렐(Esther Perel), 『관계의 재발견』

모성은 숭고한 사랑이지만, 때로는 자녀를 자기 연장의 대상으로 삼을 위험도 내포합니다. 특히 자기 객관화나 분화가 되지 않은 경우 많은 어머니들이 "내가 팔자가 세니 너도 그렇지, 내가 남편 복 없으니 너희들도 그럴거야." 하는 부정적인 언어가 혼기를 앞둔 딸들에게 얼마나 치명적인 부정적인 언어인지 직시하셔야 하는 것입니다.

이런 미성숙한 모성은, 자녀를 통제하거나 나 대신 살아주는 것을 요구합니다. 그러나 그것이 아니라, 그 아이가 자신의 삶을 선택할 수 있도록 경계를 지켜주는 것입니다. 딸로서 우리가 할 수 있는 일은, 어머니의 삶을 온전히 이해하되, 그것을 반복하지 않는 것입니다.

그리고 어머니로서 우리가 할 수 있는 일은, 자녀가 내 삶의 보상 수단이 되지 않도록 내 감정의 경계를 세우는 것입니다. '내 딸은 나처럼은 안 되게.' 이 말이 진정한 사랑이 되기 위해서는 나 자신을 먼저 이해하고 회복하는 일이 먼저입니다. 내가 나로서 건강하게 살아갈 때, 비로소 그 말은 딸에게 상처가 아닌 자유의 언어가 될 수 있을 것입니다.

엄마의 삶을 바라보는 눈이 달라졌다
- 나이를 먹으며 다시 읽는 엄마의 인생

> "우리는 나이가 들수록 부모를 이해하게 된다.
> 그건 어른이 된다는 가장 확실한 징표다."
> ―미치 앨봄, 「모리와 함께한 화요일」

어릴 적에는 엄마가 세상의 중심이었습니다. 무엇이든 알고 있고, 늘 강하고, 나를 위해 사는 사람이 엄마라고 믿었습니다. 그러나 철이 들어가는 시점부터 조금씩 균열이 생겼습니다. 왜 엄마는 내 감정을 그렇게 몰랐을까, 왜 엄마는 늘 바쁘고 예민했을까, 왜 엄마는 나에게 사소한 말로 상처를 주었을까. 그런 질문들은 오랜 시간 동안, 엄마에 대한 실망과 거리감으로 이어졌습니다.

하지만 나 역시 인생의 고단함을 조금씩 겪으면서 문득 깨닫게 된 순간이 있었습니다. 엄마도 결국 한 사람의 여자였구나. 그녀에게도 자신의 꿈이 있었고, 감정이 있었고, 외롭고 불안한 밤들이 있었음을 말입니다.

젊은 날의 엄마를 상상해봅니다. 갓 결혼하고 낯선 가족 안으로 들어갔던 20대, 아이를 낳고 모든 일상을 헌신으로 바꿔야 했던 30대, 그리고 자신을 잊은 채 가족을 중심으로 버텨냈던 40대. 그 시간 속에서 엄마는 단 한 번도 '나는 괜찮은지' 묻지 못했다고 늘 힘들어 하셨습니다.

40대가 되어서야 저는 어머니의 외로움을 조금 이해하기 시작했습니다. 남편은 바깥일로 바쁘고, 자식들은 각자의 삶으로 떠나가고, 어머니는 혼자 남겨진 집에서 무엇을 하며 하루를 보내셨을까요?

아마도 어머니에게는 '나만을 위한 시간'이라는 게 없었을 것입니다. 항상 누군가를 위해, 누군가를 생각하며 보낸 하루들. 그런 삶이 수십 년 계속되면서, 어머니는 점점 '나'라는 존재를 잊어가셨을지도 모릅니다.

50대가 되어 저는 어머니의 건강 걱정을 이해합니다. 몸이 아파도 쉬지 못하고, 자식들 걱정에 밤잠을 설치며 살아온 세월. 어머니의 몸은 그 모든 희생의 증거였습니다. 그리고 지금, 60대가 된 저는 어머니의 고집도 이해합니다. 평생 양보하고 참으며 살아온 사람에게, 노년의 고집은 어쩌면 마지막 자존심이었을지도 모릅니다. "이제는 내 뜻대로 살고 싶다"는 소용한 외침이었을지도요.

엄마는 우리 4형제를 낳고 누구도 몸조리하라고 도와준 사람 없어 혼자 미역국을 끓여 드셨고 방이 너무 차서 지금도 온몸이 부서지는 것 같다고 많이 우셨습니다. 늘 엄마의 힘든 인생 그 인생을 나는 들어줘야 했고 그 고통에서 엄마를 벗어나게 해주는 것이 맏딸의 도리라고 여겼습니다.

지금 와서 생각해 보니 "우리가 부모가 되었을 때, 비로소 부모를 이해한다."(에리히 프롬, 『사랑의 기술』)는 것을 언급하게 됩니다. 엄마의 삶을 다시 읽는다는 건, 그분의 실수와 상처를 용납한다는 뜻이 아닙니다. 그보다는 감정의 렌즈를 바꾸는 일입니다. 엄마를 비난의 대상으로 보기보다, 또 하나의 복잡하고 깊은 인생을 살아낸 인간으로 보는 연습입니다.

저는 아직 연습 중이고 공사 중입니다. 엄마와 함께 겪었던 수많은 인생의 파고와 고난들이 나를 성숙하게 만든 과정이었음을 이해하려고 합니다. 그러나 나도 늙어가는 과정이라 이 길이 참 쉽지 않네요.

엄마가 내게 주지 못한 것들은 엄마도 받지 못했으니 전혀 줄 수가 없었을 것입니다. 그래도 아직까지 그 사랑이 이리도 고프고 애절하고 힘든 것인 줄 제가 나이 들며 깨닫기 시작합니다. 그리고 엄마가 내게 준 사랑은 그분이 할 수 있는 최선이었다는 것을. 그렇게 밖에 표현하기 어렵고 받을 수 없었던 엄마의 인생을 다시 읽으며 저는 나의 인생도 조용히 다시 들여다보게 됩니다.

누군가를 이해한다는 건, 결국 나 자신을 더 깊이 이해하는 여정이기도 하니까요. 그래서 매일 같이 나를 위로합니다. 매일같이 나에게 한가지씩 선물을 주려고 합니다. 수고했다, 고생했다, 난 나 자신을 사랑해… 반복하고 또 다독입니다.

사과하지 않아도 용서할 수 있을까
- 사과 없는 치유와 내적 평화 찾기

"용서는 다른 사람을 위해 하는 일이 아니다. 그것은 내 마음속에 갇힌 과거를 놓아주는 일이다."
-루이스 스미디스(Lewis Smedes),
『용서하고 잊어라: 우리가 받을 자격이 없는 상처를 치유하기』 중

"엄마가 한 번만 사과해줬으면 좋겠어요."

많은 딸들이 그렇게 말합니다. 한마디만, 정말 진심으로 "미안했어"라고 해준다면 마음이 조금은 풀릴 것 같다고 말이지요. 하지만 현실은 그리 녹록지 않습니다. 어머니는 여전히 "그땐 어쩔 수 없었지", "다 너 잘되라고 그랬지"라며 자신의 행동을 방어하거나 기억조차 하지 못하십니다.

나의 어머니는 항상 자기만 강하면 된다는 고집으로 남게

되니 점점 더 일방적으로 화내시고 요구가 많아지셨습니다. 잠 간이라도 삶을 공유할 때 어렸을 때나 성인이 되었을 때의 기억으로는 행복이라는 것이 무엇일까? 나는 행복해도 되나, 정말 내가 좋아하고 하고 싶어하는 것이 무엇일까 라는 의문을 많이 하게 되었습니다.

어렸을 때의 추억이 평생 자신의 삶의 선택을 결정한다고 합니다. 그런데 저는 초년 고생이 많아서 인지 정말 내가 충분히 삶의 행복을 느끼고 선택해야 할 성인이 되었을 때 저는 아직 뭔가 부족한 그래서 늘 쫓겨다니며 해내야만 했던 그런 일 중독에 잡히게 되었습니다.

은퇴를 한 지금도 여전히 일이 없으면 불안하고 뭔가 움직여야만 된다는 그런 강박에 사로잡히곤 합니다. 그런데 나이라는 세월의 연륜 앞에 강함을 유지할 사람은 하나도 없습니다. 아마도 유연함이 잘 살아가는 비결임을 자주 배웁니다. 또한 스스로 나를 놓지 않으면 도리어 부러진다는 느낌을 갖게 됩니다.

그럴 때, 우리는 어떤 일이든 끊임없는 선택의 기로에 놓입니다. 저는 엄마에게 나한테 미안하다고 말해주라고 요구했습니다. 하지만 끝까지 사과를 받지 못했습니다. 그렇다고 지금에 와서 어디서 그 사과를 기다릴수 있겠습니까?

그러니 끝까지 사과를 기다릴 것인가, 혹은 사과 없이도 나 자신을 위해 용서할 것인가. 용서는 잘못을 없던 일로 만들자는 뜻이 아닙니다. 그저 그 기억에 끌려다니지 않겠다는 다짐이라는 것을 절실히 깨닫습니다. 사과가 없다고 해서, 내가 받은 고통이 사라지는 건 아니지만 더 이상 그 고통이 내 삶을 지배하게 두지 않겠다는 선언입니다.

"용서는 과거를 바꾸는 것이 아니라, 미래를 선택하는 일이다."(폴 보즈 Paul Boese) 라고 했습니다. 사과 없는 용서란, 어쩌면 나 자신을 위한 일입니다. 여전히 내가 아프다는 것을 인정하면서도, 그 고통을 끌어안고 걸어가는 법을 배우는 과정입니다.

어쩌면 우리는 너무 오랫동안 "상대가 변해야 내가 편해질 수 있다"고 믿어왔는지도 모릅니다.

하지만 지금 이 순간, 그 감정의 열쇠를 스스로 쥐고 있는 사람이 바로 나 자신이라는 사실을 떠올려보면 어떨까요.

엄마는 이제 더 이상 변하지 않습니다. 그냥 그대로 있습니다. 단지 나의 마음이 엄마를 향한 미움으로부터 자유로워질 수 있습니다. 그건 엄마 때문이 아니라, 내가 내 인생을 회복하고 싶기 때문입니다.

"용서란 스스로에게 내려주는 선물이다."

-앨리스 워커(Alice Walker), 『컬러 퍼플』(The Color Purple)

사과 없이도 치유는 가능합니다. 조건 없는 사과를 기다리느라 더는 마음이 지치지 않으셨으면 합니다. 그 기다림 대신, 내가 나에게 건넬 수 있는 위로의 말부터 시작해보시면 어떨까요.

엄마를 이해한다는 건 결국 나를 이해하는 일
- 모녀 관계를 통한 자기 회복의 길

우리는 자주 말합니다.

"나는 엄마처럼 살지 않을 거야."
혹은
"나는 엄마와 너무 달라."

하지만 인생의 어느 지점에서 문득 깨닫게 됩니다. 내 안에는 엄마가 깊이 자리 잡고 있다는 것을요. 어릴 적, 엄마의 말투가 서운했습니다. 마음속에 응어리진 말들이 있었는데도, 표현하지 못한 채 커버렸습니다.

엄마와 마주할 때마다 불쑥불쑥 올라오는 감정은 분노이기도 하고, 안타까움이기도 했습니다. 하지만 그 감정들을 더 깊이 들여다보면, 결국 내가 나 자신을 얼마나 이해하고 있는지의 문제와 연결되어 있다는 걸 알게 됩니다.

사실 그래서인지 나는 엄마를 이해하려고 안했습니다. 단지 그분의 모습에 내가 얼마나 가스라이팅 되어지고 학습되어진 사람이라는 것을 내가 느낌으로 알 뿐이었습니다. 그래서 참 고통스럽고 그 시간이 밉기까지 합니다.

그렇지만 그 어떤 시간도 되돌려 놓을 수 없고 단지 내 상처를 이해하고 감정을 정직하게 드려다 보며 나 자신을 깊이 껴안는 아름다운 여정이 수없이 반복되어야 나는 그제서야 되살아나는 것 같이 회복이 됩니다.

그래서 엄마를 이해하는 길은 단순한 용서나 체념이 아닙니다. 그것은 내가 내 상처를 이해하고, 나의 감정을 정직하게 들여다보며, 결국 나 자신을 깊이 껴안는 여정입니다. 엄마의 모습을 통해 나는 나의 뿌리를 만나고, 그 뿌리를 어떻게 다루며 살아갈지 스스로에게 묻습니다.

관계를 치유한다는 것은 과거를 지우는 것이 아니라, 그 안에서 진실을 발견하고 새로운 이야기를 써 내려가는 일입니다. 어쩌면 우리는 엄마를 용서하는 것이 아니라, 엄마를 통해 나를 이해하고, 나를 받아들이는 연습을 하고 있는 것일지도 모릅니다.

이제는 그 말이 조금은 다르게 들립니다. "나는 엄마처럼 살지 않을 거야."가 아니라, "나는 엄마의 삶을 배우며, 나만의 길을 찾아갈 거야."로 바뀌어 졌으면 좋겠습니다. 지금도 이 감정의 여정을 쏟아내며 나누는 이 시간 참 힘들고 아프지만 저의 회상을 위해 참 회복의 과정임을 체감하게 됩니다.

나를 위해 엄마를 통해 나 자신의 모습을 발견하고 또 이 과정들을 아름답게 글로 남길 수 있는 시간은 큰 회복이 아닐 수 없음을 알게 됩니다. 늘 그 고통의 과정 속에서 저는 주님의 피묻은 얼굴과 가시면류관을 쓰시고 온유한 모습으로 저를 바라보고 계심을 느끼곤 합니다.

큰 축복이지요. 그때 주님은 이렇게 말씀하십니다.

"나는 이 모든 일들의 고난의 과정을 견뎌내는 너희를 위하여 이렇게 수천년 동안 한사람 한사람을 바라보며 견뎌내고 있단다."

【적용】

1) 어머니 이해하기 워크시트

- **1단계: 기억의 회상**

  내가 어릴 적 어머니와 가장 많이 나눈 말은 무엇인가요?

  →어머니에게 가장 많이 들었던 말은 무엇인가요?

  →어머니와의 관계에서 가장 따뜻하게 기억되는 장면은?

  →어머니와의 관계에서 가장 서운하거나 아팠던 기억은?

- **2단계: 감정의 인식과 해석**

  어머니를 떠올릴 때 가장 먼저 드는 감정은?

  → (기쁨 / 서운함 / 분노 / 죄책감 / 고마움 / 그리움 등)

  그 감정이 가장 크게 일어났던 상황은?

  →어머니와의 관계에서 내가 가장 인정받고 싶었던 부분은?

  →그 감정이 지금 나의 삶에 어떤 영향을 주고 있나요?

- **3단계: 새로운 이해와 관계의 재구성**

  어머니는 어떤 시대, 환경에서 살아오신 분인가요?

  →어머니도 충분히 사랑받고 표현받으셨던 분이었을까요?

  → (예 / 아니오 / 잘 모르겠다)

  내가 어머니를 더 이해하기 위해 할 수 있는 노력은?

  오늘 어머니께 한 마디를 전한다면?"

  → "_____"

2) 세대 차이 체크리스트 (어머니와의 갈등 탐색용)

각 문항에 대해 '예 ○ / 아니오 X / 가끔 △'을 표시해 보세요. 체크가 많이 된 항목은 세대 차이로 인한 갈등 요인일 수 있습니다.

• 가치관의 차이
☐ 어머니는 "참아야 한다"는 말을 자주 하신다.
☐ 나는 "표현해야 한다"고 생각한다.
☐ 어머니는 체면, 남의 시선을 중요하게 여기신다.
☐ 나는 내 감정과 욕구가 더 중요하다고 생각한다.
☐ 어머니는 자녀가 효를 우선해야 한다고 믿는다.
☐ 나는 자율성과 균형 있는 관계가 중요하다고 생각한다.

• 의사소통 스타일의 차이
☐ 어머니는 말보다 '눈치'를 중요시한다.
☐ 나는 직접적으로 말해야 이해가 된다고 느낀다.
☐ 어머니는 감정 표현에 인색하시다.
☐ 나는 감정을 솔직하게 말하고 싶다.

• 역할 기대의 차이
☐ 어머니는 "딸/아들로서 이래야 한다"는 기대가 분명하다.
☐ 나는 그런 역할에 답답함이나 거부감을 느낀다.

☐ 어머니는 "엄마니까 당연히 희생해야 한다"고 느끼신다.
☐ 나는 엄마에게도 감정과 경계가 필요하다고 본다.

- **시대적 경험 차이**

☐ 어머니는 가난과 생존을 우선순위로 살아오셨다.
☐ 나는 자아실현이나 감정적 만족을 중요하게 여긴다.
☐ 어머니는 기술·SNS 변화에 대해 불편함을 느끼신다.
☐ 나는 그런 디지털 환경에 익숙하고 자주 소통을 원한다.

간단한 해석 가이드
- ○이 많은 영역: 서로 공감대를 형성하기 위해 다리를 놓아야 할 부분입니다.
- X이 많은 영역: 갈등보다는 공통 기반이 있는 주제입니다.
- △이 많은 영역: 상황에 따라 달라지므로, 구체적인 사례를 나눠보는 것이 좋습니다.

3) 용서 단계별 점검표

각 문항에 대해 '예 ○ / 아니오 X / 가끔 △' 을 표시해 보세요.

- **1단계: 상처 인식하기**
  - ☐ 나는 그 사람이 나에게 어떤 상처를 주었는지 명확히 알고 있다.
  - ☐ 나는 그때 느꼈던 감정을 솔직하게 떠올릴 수 있다.
  - ☐ 그 기억을 피하거나 회피하지 않고 직면할 수 있다.
  - -설명: 용서는 망각이 아니라 상처를 인정하고 정직하게 마주하는 것에서 시작됩니다.

- **2단계: 감정 수용하기**
  - ☐ 나는 그 일에 대해 분노, 슬픔, 억울함을 느꼈던 적이 있다.
  - ☐ 나의 감정을 누르지 않고 충분히 표현해 보았다.
  - ☐ 그 감정들이 내 삶에 어떤 영향을 주었는지 이해하고 있다.
  - -설명: 억누른 감정은 언젠가 다른 방식으로 돌아옵니다. 수용은 치유의 문을 엽니다.

- **3단계: 시각 전환하기**
  - ☐ 그 사람이 왜 그런 행동을 했는지 배경을 상상해본 적이 있다.
  - ☐ 그 사람도 그 당시 미성숙하거나, 상처받은 존재였을 수 있다는 점을 고려해 본 적이 있다.

☐ 내 삶의 관점에서 그 사건을 새롭게 해석할 수 있게 되었다.
-설명: 시각을 전환하는 것은 상대를 정당화하는 것이 아니라, 내 고통을 '다른 틀'로 바라보는 연습입니다.

- **4단계: 용서의 선택**

☐ 나는 그 사람에게 직접 용서를 말했거나, 마음속으로 선언했다.
☐ 그 사람이 사과하지 않았어도, 내 내면의 자유를 위해 용서를 선택했다.
☐ 나는 더 이상 그 기억에 묶여 있지 않다.
-설명: 용서는 그 사람을 위한 것이 아니라, 나 자신을 자유롭게 하기 위한 선물입니다.

- **5단계: 관계 또는 거리 재설정**

☐ 나는 그 사람과의 관계를 어떻게 할지 명확히 결정했다. (계속할 것인지, 거리를 둘 것인지)
☐ 용서 후에도, 나 자신을 지키는 건강한 '경계'를 세웠다.
☐ 그 사람과의 관계에 더 이상 이전과 같은 상처 반응을 하지 않는다.
-설명: 용서는 화해와 같을 수도 있지만, 반드시 화해를 의미하지는 않습니다. 건강한 경계가 핵심입니다.

점검결과 해석

개수	과정의 진행도
18개 이상	용서의 단계가 충분히 성숙해진 상태입니다.
10~17개	여전히 감정 처리 중이거나 관계 정리가 필요할 수 있습니다.
10개 미만	아직 상처의 직면 또는 감정 수용 단계에 머물러 있을 수 있습니다. 천천히 자신을 돌보세요.

4) 감정 해소 워크샵 형태로 재구성

어머니 이해하기 워크샵 (시간이 걸려도 한번은 해봐야 하는 워크샵)

- 1주차: 어머니의 시대 상황 조사하기
- 2주차: 어머니의 꿈 상상해보기
- 3주차: 편지 쓰기 (보내지 않아도 됨)
- 4주차: 용서 선언하기

4부

내 인생을 내 목소리로 말하기

소리 내기,

표현하기,

새로운 삶의 선택

여성 상담 주의 이론

단계	주제	설명
1단계	목소리 찾기	억눌린 감정과 경험을 인식하고, 자신의 이야기를 말하며 자아를 회복하는 시작 단계
2단계	명료화하기	자신의 감정, 욕구, 가치관을 정리하고 삶의 의미와 방향을 명확히 이해하는 과정
3단계	선택하기	주체적으로 삶의 방향을 결정하고, 내면의 기준에 따라 행동하는 결단의 단계
4단계	건강 유지하기	자신과 타인, 공동체와의 건강한 관계를 유지하며 삶 속에서 지속적으로 변화와 성장을 실천하는 단계

『목회의 새로운 패러다임/ 여성주의 상담』(크리스티 코자드 뉴거 역),
정석환 옮김, 2002, p136-147

침묵의 무게, 그 속에 감춰진 나의 목소리

"왜 그땐 아무 말도 하지 못했을까?"

이 질문은 오래도록 내 마음 한구석에 가라앉은 채 지워지지 않았다. 누군가 나의 경계를 넘었을 때, 부당한 상황에 맞닥뜨렸을 때, 내 입은 늘 굳게 닫혀 있었다. 순간 순간 내 마음은 '말해야 한다'고 속삭였지만, 내 몸은 굳어버린 채 한마디도 내뱉지 못했다. 그 침묵은 마치 나를 지켜주는 보호막 같기도 했고, 동시에 나를 가두는 벽이기도 했습니다.

시간이 흐르고서야 나는 그 침묵의 뿌리를 조금씩 들여다볼 수 있었습니다. 그것은 단순히 소심해서도, 표현을 못 배워서도 아니었습니다. 여성주의 상담을 통해 나는 깨달았다. 나의 침묵은 오랜 사회적 학습의 결과였고, 내면화된 억압이 낳은 하나의 생존 방식이었다는 것을.

어릴 적부터 나는 "착한 딸"이 되어야 했고, "말 잘 듣는 아이"로서 타인의 기대에 부응해야 했습니다. 슬프거나 화가 나도 표정 하나 바꾸지 않고 웃는 연습을 했고, 내 감정보다 분위기를 먼저 살폈다. 목소리를 내는 일은 종종 "버릇없다", "예민하다", "이기적이다"라는 평가로 돌아왔고, 그럴수록 나는 내 감정을 안으로 삼키는 법을 배웠습니다. 그렇게 형성된 '내면의 검열관'은 내가 말하려 할 때마다 속삭였다.

"그런 말은 하지 마. 괜히 문제만 더 커질 거야."

그 침묵은 결국 내 존재를 흐리게 만들었다. 나는 점점 나 자신에게서 멀어졌습니다. 감정의 이름도 잊고, 내가 무엇을 원하고 있는지도 알 수 없었습니다. "나"라는 사람은 타인의 기대를 채우기 위한 껍질처럼 느껴졌고, 그 속에 숨은 진짜 나는 말없이 움츠린 채 웅크리고 있었습니다.

그래서 나에게 상담이란 과정이 더 필요하게 되어 나를 알아가기 위함으로 더 열심히 하게 되었습니다. 그리고 상담을 통해 조금씩 그 껍질을 벗겨내자, 그 안에 말하지 못했던 '나'가 조심스럽게 얼굴을 내밀었습니다. 처음에는 그 존재가 낯설었습니다. 그토록 오랫동안 눌려있던 분노, 억울함, 상처들이 말을 걸어오기 시작했습니다.

그 감정들은 격렬하면서도 동시에 절절했습니다. 그리고 저는 깨달았습니다. 제가 침묵했던 순간들 속에서도, 진짜 저는 분명히 거기 있었다는 것을요. 그 만남은 고통스러웠습니다. 잊었다고 생각했던 기억들이 선명하게 떠올랐고, 제 안에 있었던 슬픔과 두려움은 다시금 저를 휘감았습니다. 그러나 그 고통은 억압의 고통이 아니라, 해방을 위한 통증이었습니다.

저는 조금씩 말하기 시작했습니다. 소리를 내기 시작한 그 순간, 비로소 저는 제 삶의 주어가 되었습니다. 침묵은 끝이 아니었습니다. 그것은 말하기를 준비하는 긴 호흡이었습니다. 그리고 이제, 저는 그 숨을 뱉어낼 준비가 되어 있습니다.

소리 내기 시작
- 두려움 속의 첫 발성
/여성주의 상담에서의 '말하기'란 무엇인가

입을 여는 데까지 걸린 시간은 생각보다 길었습니다. 여러 번 목구멍까지 올라왔던 말들은 번번이 제 안에서 사라졌습니다.

"이건 말해도 되나?"
"제가 너무 예민한 건 아닐까요?"
"그냥 참는 게 낫지 않을까요?"

말을 꺼내기 전부터 스스로의 감정을 검열하고 조용히 접어두는 일은 오래된 습관이었습니다. 여성주의 상담에서 '말하기'는 단순한 전달이 아닙니다. 그것은 억눌려 있던 자아가 다시 태어나는 순간이며, 타인에 의해 정의되어 왔던 삶을 스스로 되찾는 과정입니다.

상담실이라는 안전한 공간에서 처음 입을 열게 될 때, 그것은 마치 오랫동안 잠들어 있던 목소리가 깨어나는 순간과도 같았습니다. 상담자는 고치지 않고, 끊지 않으며, 판단하지 않았습니다. 그 침묵의 공간을 지켜 주고, 그 말의 떨림에 조심스럽게 귀 기울여 주었습니다.

그 첫 발성은 대개 작고 불분명했습니다.

"그때 좀 이상했어요."
"그냥... 기분이 안 좋았어요."
"그때 좀 힘들었어요."

짧고 모호한 말들이지만, 그 안에는 오래 묻어 두었던 감정들이 담겨 있었습니다. 그 한마디에 담긴 무게는 오직 말하는 사람만이 알고 있었습니다. 그리고 그 작은 표현은 상담자의 따뜻한 수용 속에서 살아나기 시작했습니다. 다시 되묻는 질문, 고개를 끄덕이는 공감, 가만한 기다림이 저를 조금 더 말하게 만들었습니다.

"그땐 무서웠어요."

그 말이 제 입 밖으로 나오는 순간, 저는 울음을 터뜨렸습니다. 그동안 아무도 제게 묻지 않았습니다. "그때 당신은 어땠나요?"라고. 저는 제 감정을 누군가에게 설명하는 법조차 잊고 있었던 것입니다. 하지만 이제 다시 배우기 시작했습니다. '말해도 괜찮다'는 경험은 단순한 위로가 아니라, 제 존재를 다시 확인하는 힘이 되었습니다.

여성주의 상담에서 '말하기'는 상처를 되짚는 고통이기도 하지만, 동시에 주체로서 다시 살아나기 위한 하나의 의식입니다. 그 시작은 언제나 미약하지만, 그 울림은 점점 커집니다. 한 문장, 한 단어를 통해 저는 저의 삶을 회복해 갑니다. 말하지 못했던 제가, 이제는 저 자신을 이야기하기 시작했습니다.

나의 언어 찾기
- 감정과 경험을 이름 붙이기
/감정에 언어를 부여하는 과정

"그게… 뭐라고 해야 할지 모르겠어요."

상담 초반, 저는 종종 그렇게 말하곤 했습니다. 화가 난 것도 같고, 슬픈 것도 같고, 그냥 뭔가 이상한데… 그 감정을 표현할 적절한 말을 찾지 못했습니다. 내 안에는 분명한 무언가가 있는데, 그것이 자꾸 입 밖으로 나오지 않았습니다. 말이 되지 않은 감정은 머릿속에서만 떠돌다 금세 사라져버렸고, 저 자신조차 그 감정의 정체를 모르고 지나치기 일쑤였습니다.

여성주의 상담은 그런 저에게 질문을 던졌습니다.

"지금 몸은 어떤가요?"
"그 감정에 색깔을 붙인다면 어떤 느낌일까요?"

감정을 단순히 '좋다, 싫다'로 나누는 대신, 더 섬세하게 들여다보게 했습니다. 처음엔 낯설었지만, 점차 감정 하나하나에 단어를 붙이는 일이 얼마나 중요한지 깨닫게 되었습니다. 언어는 이해의 시작이고, 감정에 언어를 부여하는 순간 저는 저를 조금 더 알게 되었습니다.

예전 같았으면 그냥 "짜증났어요"라고 지나쳤을 상황에서, 이제는 이렇게 말할 수 있게 되었습니다.

"그 말은 제 존재가 가볍게 여겨지는 느낌이었어요. 무시당하는 기분이 들어서 속이 갑갑했고, 속상했어요."

이처럼 감정을 구체적으로 설명하는 과정은 단지 말재주를 키우는 일이 아닙니다. 그것은 제 감정을 존중하고, 스스로 인정하는 일입니다.

더불어, 말로 표현하기 전까지는 몰랐던 감정도 있었습니다. 상담 중에 말하다 울컥한 순간, 저는 문득 깨달았습니다.

"아, 이건 분노였구나."
"그게 아니라... 외로움이었어요."

말하면서 알게 되는 감정, 말하고 나서야 느껴지는 감정이 있다는 걸 알게 되었습니다. 말은 감정의 문을 열어주는 열쇠였습니다.

이제 저는 감정을 억누르기보다는, 그것을 '이야기'할 수 있게 되었습니다. 감정에 이름을 붙이는 일은 단지 과거의 상처를 끄집어내는 것이 아니라, 그 상처를 내 시선으로 새롭게 해석하고 다시 써 내려가는 힘 있는 작업입니다.

이전에는 무력하게 흘려보냈던 경험들을, 이제는 저의 언어로 기록하고, 설명하고, 이해할 수 있습니다. 이제 저는 말합니다.

"저는 그런 감정이 들었고, 그 감정은 분명 의미가 있었습니다."

감정에 언어를 붙이는 그 순간, 저는 더 이상 모호한 존재가 아닙니다. 저는 제 이야기를 이해할 수 있는 사람, 저 자신을 통역할 수 있는 사람이 되어가고 있습니다. 상담 중, 상담자가 종종 이렇게 묻습니다.

"그 감정을 0부터 10까지 숫자로 표현한다면, 지금 몇 점 정도 되나요?"

처음엔 그 질문이 다소 어색하게 느껴졌습니다. 감정을 숫자로 표현한다는 것이 왠지 너무 기계적이고 건조한 방식 같았기 때문입니다. 하지만 막상 시도해보면, 놀라운 일이 벌어졌습니다.

"지금은... 7 정도요. 아니, 생각해보니 9에 가까운 것 같아요."

숫자를 붙이는 순간, 막연했던 감정이 구체화 되기 시작했습니다. 감정 강도를 수치화하는 것은 단지 상담자의 편의를 위한 도구가 아니었습니다. 그것은 제가 제 감정을 정확히 바라보고, 경계를 설정할 수 있도록 도와주는 과정이었습니다. 그리고 그 숫자는 상황에 따라 달라지며, 감정의 변화를 추적할 수 있는 지표가 되어 주었습니다. 어떤 주제에서는 분노가 9까지 치솟지만, 다른 상황에선 4에 머무는 걸 보며, 저는 제 안의 감정 패턴을 이해하게 되었습니다.

이 숫자화 작업은 또 하나의 중요한 힘을 줍니다. 감정은 조절 가능한 것이라는 확신입니다. 예전에는 감정에 휩쓸리는 느낌이 강했다면, 이제는 "내 감정이 지금 9까지 올라갔구나. 그런데 그걸 알아차리고 있으니, 내가 나를 다루고 있구나"라고 생각할 수 있게 되었습니다. 감정의 이름과 숫자를 함께 말할 수 있을 때, 저는 더 이상 감정에 압도되지 않고, 그 감정과 협력할 수 있게 됩니다.

명료화하기
- 나를 둘러싼 이야기 다시 쓰기
/타인의 시선 벗기기

"넌 참 조용하고 참을성 있어."

"그런 건 여자라면 당연히 이해해줘야지."

"그 정도 일로 왜 그렇게 예민하게 굴어?"

이런 말들은 한때 저를 설명하는 문장이었습니다. 문제는, 제가 그 말들을 그대로 받아들였다는 것이었습니다. 어쩌면 제 감정과 경험보다, 타인의 해석과 시선이 제 삶의 언어를 대신해왔는지도 모릅니다.

그 말들에 길들여지다 보니, 어느 순간부터 저는 제 감정을 스스로 판단하기보다, "이렇게 느끼면 이상한 걸까?" 하고 먼저 의심하게 되었습니다. 여성주의 상담은 그 '당연했던' 이야기들을 다시 질문하게 만들었습니다.

"그건 누구의 시선인가요?"
"그 생각은 당신의 언어인가요, 아니면 누군가에게 배운 문장인가요?"

이 질문들 앞에서 저는 멈춰 서야 했습니다. 제가 당연하게 믿어온 생각들 대부분이 사실은 타인의 프레임 속에서 만들어진 것임을 깨닫게 되었습니다.

그리고 그동안 '내 이야기'라고 여겼던 많은 문장들이 사실은 타인의 기대, 사회적 규범, 젠더 역할의 틀 안에서 쓰인 이야기였다는 것을 알아차렸습니다. 이 깨달음은 충격이기도 했지만, 동시에 해방이었습니다.

명료화는 바로 여기서 시작되었습니다. 내 삶의 이야기에서

'타인의 문장'을 걷어내고, 그 빈자리를 내 언어로 다시 채워 넣는 작업. "나는 조용한 사람이야"라는 말 대신 "나는 말할 기회를 놓쳐온 사람이었어"라고 쓰는 것, "그땐 내가 예민했어"라는 말 대신 "그 상황은 충분히 불쾌할 만했어"라고 다시 말하는 것. 그 작은 문장 수정 하나하나가, 제 자존감과 자각을 다시 세우는 과정이었습니다.

명료화란, 흐릿했던 나의 경계선을 다시 그리는 일이기도 합니다. 그동안 내가 어떤 시선에 갇혀 있었는지 알아차릴수록, 저는 더 명확하게 저를 구분할 수 있게 되었습니다. 그리고 그 구분은 더 이상 타인을 밀어내기 위한 선이 아니라, 나를 지키고, 나로 살아가기 위한 선이 되었습니다.

이제 저는 타인의 시선 속에 나를 가두기보다, 저만의 언어로 저를 설명할 수 있습니다. 이야기를 다시 쓰는 일은 과거를 지우는 것이 아니라, 진짜 나의 목소리로 다시 말하는 용기입니다. 그리고 그 재서술의 언어는, 이전보다 훨씬 더 진실하고 따뜻합니다.

관계 속에서 나를 재발견하다
- 가족, 연인, 사회적 관계에서의 자아 찾기
/왜곡된 관계를 재구성하는 작업

사람들과 잘 지내고 싶었습니다. 갈등을 피하고, 상처를 주지 않고, 좋은 사람이라는 말을 듣고 싶었습니다. 그래서 늘 한 발 물러섰습니다. 가족 안에서, 연인 관계 안에서, 사회적 역할 속에서 저는 "괜찮아, 나만 참으면 되지"라는 말을 입에 달고 살았습니다. 그 관계들이 힘겨워질수록, 오히려 제가 더 노력해야 한다고 믿었습니다. 문제는 관계가 아니라, 나 자신이라고 여겼기 때문입니다.

여성주의 상담은 그런 저에게 처음으로 물었습니다.

"그 관계 안에서 당신은 어떤 모습이었나요?"

"그 역할은 누가 정한 것인가요?"

그 질문은 저를 멈춰 세웠습니다. 제가 '좋은 딸', '헌신적인 연인', '성실한 동료'가 되기 위해 감당해왔던 무게들을 하나하나 떠올리게 했습니다.

거기다가 저는 목회자, 목사를 선택했습니다. 이왕에 헌신하고 희생하고 사는데 사람이 아니라 하나님 앞에 희생하기를 선택했습니다. 그러니 얼마나 이중 부담이 더 되었을까요? 그래서 저는 깨닫게 되었습니다. 그 많은 관계 속에서 '나'는 자주 사라지고 있었다는 사실을. 관계 속에서 저는 제 감정을 뒤로 미루고, 타인의 욕구를 먼저 채워주는 사람이 되어 있었습니다.

그런데 그런 헌신이 진짜 사랑과 존중에서 비롯된 것이었을까요? 아니었습니다. 종종 그것은 두려움이었습니다. 버려질까 봐, 미움받을까 봐, 나쁜 사람이라는 말을 들을까 봐 벌벌 떨면서 맞춰온 것이었습니다. 그런 관계는 건강하지 않았습니다. 서로를 지지하고 성장시키기보다, 한쪽이 희생하고 다른 쪽이 당연하게 받는 구조였습니다. 그 안에서 저는 점점 작아지고, 흐릿해졌습니다.

이제 저는 관계를 새롭게 바라보기 시작했습니다. 모든 연결이 소중한 것은 아닙니다. 어떤 관계는 나를 억압하고, 어떤 관계는 나를 지워버리며, 어떤 관계는 나를 이용합니다. 그런 관계들을 '끊어내는 것'은 파괴가 아니라, 회복을 위한 선택입니다.

그리고 어떤 관계는 고쳐 쓸 수 있습니다. 침묵 대신 대화를 시도하고, 요구 대신 경계를 설정하며, '괜찮은 척'이 아니라 '진짜 감정'을 표현할 수 있는 구조로 바꿔 나가는 일. 그것이 곧 왜곡된 관계를 재구성하는 작업입니다. 이 과정은 쉽지 않습니다. 죄책감이 들기도 하고, 나를 탓하는 오래된 목소리들이 다시 들려오기도 합니다.

하지만 관계 안에서 진짜 나를 잃어버리는 것보다는, 관계 바깥에서라도 나를 지키는 쪽을 선택하고 싶습니다. 저는 이제

압도당하지 않습니다. 가족이라는 이름으로, 사랑이라는 말로, 의무라는 무게로 제 자아를 짓누르던 것들로부터 천천히 거리를 두고 있습니다.

그리고 다시, 내가 누구인지, 나는 어떤 관계를 원하고, 무엇을 주고받고 싶은 사람인지를 탐색해 가고 있습니다. 관계는 나를 잃는 장소가 아니라, 나를 발견하는 공간이 될 수 있습니다.

이제 저는 그 공간을 제가 원하는 방식으로 다시 채워나가기를 기대하고 있습니다.

선택의 힘
- 나에게 권한을 돌려주다
/주체적 선택의 의미
/피해자가 아닌 행위자로서의 전환

"그땐 어쩔 수 없었어요."
"그 상황에서는 제가 선택할 수 있는 게 없었어요."

저는 오랫동안 그렇게 말해왔습니다. 분명히 무언가 잘못되었고, 분명히 고통스러웠지만, 늘 그 모든 상황을 '운명'처럼 받아들였습니다. 그리고 결국에는 저 자신을 탓했습니다. "내가 더 똑똑했더라면", "그때 다른 선택을 했더라면" 하고 끝없이 후회하면서도, 정작 지금 이 순간에도 여전히 선택하지 않고 살아가고 있다는 사실은 깨닫지 못했습니다.

여성주의 상담은 저에게 '선택'이란 단어를 다시 가르쳐 주었습니다. 선택은 완벽한 답을 고르는 일이 아닙니다. 누구의 허락을 받는 것도 아닙니다. 선택은, 지금 이 자리에서 내가 나의 삶에 참여하는 방식이고, 내가 내 삶의 주도권을 다시 되찾아오는 과정이었습니다.

예전에는 '피해자'라는 정체성에 갇혀 있었습니다. 상처받은 경험을 말하는 것이 마치 무기력함을 반복하는 것처럼 느껴질 때도 있었습니다. 하지만 상담자는 말했습니다.

"그 고통을 인식하는 것 자체가 힘입니다. 그리고 지금, 당신은 다르게 선택하고 있습니다."

그 말이 저를 바꿔 놓았습니다. 지금 나는 더 이상 수동적인 존재가 아닙니다. 거절할 수 있고, 중단할 수 있으며, 새로운 방향으로 나아갈 수 있습니다. 관계 안에서 침묵하던 제가 이제는 "나는 그렇게 느끼지 않았어요"라고 말할 수 있게 되었고, 무조건 희생하던 제가 이제는 "이건 내 몫이 아니에요"라고 선을 그을 수 있게 되었습니다.

그 변화는 거창하지 않습니다. 하루의 일과 중 '오늘은 쉬고 싶다'고 인정하는 것, 가족에게 '이번에는 참석하지 않겠다'고 말하는 것, 이제는 독립된 성인으로 각자 잘 살아가자고 말하고 싶습니다. 누군가의 기대보다 내 마음의 안정을 선택하는 것. 이 작고 평범한 선택들이 내 삶의 주도권을 제게 되돌려주는 과정입니다.

선택은 책임이 따르는 일이지만, 동시에 해방입니다. 이제 저는 단지 피해자의 자리에 머물지 않습니다. 저는 내 삶을 다시 구성하는 행위자, 새로운 의미를 만들어가는 창조자가 되었습니다. 더는 남의 기준에 따라 사는 대신, 내 안의 목소리를 기준으로 삶을 설계해 갑니다.

이제는 말할 수 있습니다.

"나는 지금, 내 삶을 선택하고 있다."

일상 속 저항: 작은 실천으로 삶을 바꾸다
- 여성주의적 실천이란
나의 선택이 사회를 바꾸는 힘

여성주의 상담을 시작하기 전, 저는 '저항'이라는 단어가 너무 거창하게 느껴졌습니다. 거리에서 피켓을 들고 구호를 외치는 사람들, 사회 구조에 맞서 싸우는 활동가들만이 세상을 바꾸는 줄 알았습니다.

하지만 저는 상담 안에서 전혀 다른 저항을 만났습니다. 그것은 일상이라는 무대 위에서 조용히, 그러나 단호하게 나를 지켜내는 실천이었습니다. 오랫동안 저는 '괜찮은 사람'으로 살아야 한다는 강박 속에 있었습니다.

불편한 말도 웃으며 넘기고, 마음에 들지 않아도 "괜찮아요"라고 말하곤 했습니다. 그러나 상담을 통해 깨달았습니다. 그런 작은 '참음'이 반복될수록, 제 안에 큰 병이 생기고 있다는 불안감, 그리고 점점 더 제 감정과 욕구에 무감각해지고 있다는 것을.

그리고 거기서 벗어나는 첫 걸음은 아주 작고 단순한 것이었습니다.

"지금 그 말, 저에게 상처가 됐어요."
"저는 오늘은 쉬고 싶습니다."
"그건 제 기준과는 다릅니다."

이런 말들은 누군가에게는 평범한 표현일 수 있지만, 제게는 거대한 균열을 만들어내는 실천이었습니다.

그리고 이 실천이 계속되자, 저는 점점 삶의 감각을 되찾게 되었습니다. 자기 감정을 인정하고, 원하는 것을 말하고, 거절할 수 있는 힘. 그것은 단순히 개인의 성장을 넘어서, 사회 속에서 여성에게 부여된 침묵과 순응의 역할에 대한 작은 반항이기도 했습니다.

여성주의적 실천이란, 거창하거나 영웅적인 행동이 아닙니다. 그것은 우리가 매일 하는 선택 - 어떤 말을 할지, 어떤 관계를 맺을지, 어떤 기준을 따를지를 고민하고 결정하는 과정 그 자체입니다. 그리고 이 작은 선택들이 모여, 결국 사회를 바꿔 나가는 힘이 됩니다.

변화는 거대한 외침보다, 일상의 작은 속삭임 속에서 더 오래 살아남습니다. 저는 이제 알고 있습니다. 내가 '아니요'라고 말하는 순간, 누군가는 그 말 덕분에 '나도 그렇게 말할 수 있구나' 하고 용기를 얻는다는 것을. 내가 나의 경계를 지키는 순간, 그 자리는 누군가의 숨 쉴 공간이 된다는 것을. 나의 선택은 나만의 것이 아니라, 연결된 누군가의 가능성까지 열어주는 문이 됩니다.

이제 저는 더 이상 조용히 순응하는 사람이 아닙니다. 저는 일상 속에서 저항하는 사람, 조용히 그러나 끈질기게 나를 지켜내는 사람입니다. 그 선택은 작지만, 결코 작지 않습니다. 평화주의자이지만 내면이 강한 그래서 그 강함으로 더 약자를 같이 지켜낼 수 있는 정의의 구도 안에서… 노를 저을 줄 아는 사람이 되고 싶습니다.

건강한 나를 돌보기
- 몸, 마음, 삶을 통합적으로 가꾸기
/자기돌봄과 회복력

한때 '나를 돌본다'는 말은 저에게 사치처럼 느껴졌습니다. 해야 할 일, 챙겨야 할 사람, 지켜야 할 책임들 속에서 저는 늘 뒷전이었습니다. 아픈 줄도 모르고 참고 일했고, 힘들다는 말은 약한 사람만 하는 것처럼 여겼습니다. 하지만 그 '참음'이 쌓여 결국 저를 무너뜨리고 있다는 걸 너무 늦게 깨달았습니다.

여성주의 상담은 저에게 말했습니다.

"당신을 돌보는 일은 당신의 생존과 연결된 아주 정당한 권리입니다."

그 말은 제가 죄책감 없이 저 자신을 바라보는 첫 걸음이 되었습니다. 몸이 아프면 병원에 가는 것처럼, 마음이 아플 때도 돌봄이 필요하다는 당연한 진실을 저는 상담 안에서 처음 배웠습니다.

자기돌봄은 거창하지 않았습니다. 충분히 자는 것, 따뜻한 음식을 먹는 것, 싫은 약속을 미루는 것, 하고 싶지 않은 일에 '아니요'라고 말하는 것. 이런 사소한 선택 하나하나가 저의 삶을 회복시키는 자양분이 되었습니다. 그리고 그 과정에서 저는 스스로를 더 이상 '관리 대상'이 아니라 존중받아야 할 존재로 대하게 되었습니다.

무엇보다 중요한 건, 자기돌봄은 단지 아플 때만 필요한 일이 아니라는 점입니다. 그것은 회복력resilience의 기초입니다. 삶은 언제든 예기치 않은 파도처럼 저를 흔들 수 있지만, 스스로를 돌보는 연습을 해온 사람은 다시 일어날 수 있는 힘을 가지고 있다는 걸 알게 되었습니다.

저에게 중요한 건 '넘어지지 않는 삶'이 아니라, '넘어져도 다시 일어나는 힘'이었습니다. 자기돌봄은 나약함의 표현이 아닙니다. 오히려 그것은 내가 나를 지키기 위해 선택한 단단한 결심입니다. 저는 이제 아프면 쉼을 선택하고, 외로우면 누구에게 기댈지 고민하며, 두려울 때는 그 감정을 있는 그대로 인정할 수 있습니다.

그 모든 순간이 저를 회복시키는 힘이 되고 있습니다. 이제 저는 저를 돌보는 사람이 되었습니다. 이 몸과 마음, 그리고 이 삶을 하나의 연결된 존재로 가꾸어나가며 저는 더 건강한 나, 더 충만한 나로 살아갈 준비를 계속하고 있습니다.

사실 오랫동안 저는 제 몸의 신호를 무시하며 살아왔습니다. 두통은 스트레스 탓이라 넘기고, 가슴이 답답할 땐 그저 예민해서라고 여겼습니다. 몸이 보내는 경고를 알아채는 것보다, 일상을 유지하는 것이 더 중요하다고 믿었습니다. 그러나 "몸은 당신에게 가장 먼저 말해주는 언어입니다."라고 그 말이 저에게 깊은 울림을 주었습니다.

제가 '이상하다'고 느꼈던 신체 감각들—피로, 소화불량, 가슴 두근거림, 어깨 결림—모두가 제 감정의 언어이자, 삶의 신호등이었던 것입니다. 슬플 때 가슴이 조여오고, 불안을 오래 참은 날엔 잠을 이룰 수 없으며, 누군가의 말이 날카롭게 느껴진 날엔 식욕마저 사라졌습니다. 몸은 거짓말을 하지 않습니다. 제가 무리하고 있을 때, 싫은 것을 참고 있을 때, 몸은 먼저 반응합니다. 그 신호에 귀 기울이고, 멈출 수 있어야 비로소 회복이 시작됩니다.

이제는 일이 몰릴 때일수록 저는 제 몸에게 먼저 묻습니다.

"지금 어떤 상태야?"
"지금 뭐가 필요해?"

그리고 그 대답이 '쉬고 싶다', '움직이고 싶다', '따뜻한 것이 먹고 싶다'는 것이면, 저는 그 감각을 존중하려고 노력합니다. 제가 만든 간단한 자기돌봄 체크리스트가 있습니다.

• 오늘 내 몸은 어떤 신호를 보내고 있는가?

- 지금 가장 필요한 것은 무엇인가? (휴식/움직임/영양/연결)
- 오늘 나에게 해줄 수 있는 작은 선물은 무엇인가?
- 내가 지금 피하고 있는 감정은 없는가?

몸을 존중한다는 것은 단순한 건강 관리가 아닙니다. 그것은 곧 내 존재 전체를 있는 그대로 존중하는 삶의 태도입니다. 감정과 생각, 관계와 결정들이 모두 이 몸을 통해 이루어지는 이상, 몸을 돌보는 일은 곧 삶을 존중하는 일이며, 자아를 회복하는 강력한 기반이 됩니다.

지속가능한 변화
- 연대와 연결 속에서 살아가기
/혼자가 아닌 함께 /새로운 가정과 함께

상처는 종종 외로움으로 남았습니다. 말하지 못했던 시간들, 이해받지 못한 경험들 속에서 저는 점점 더 내면으로 움츠러들었습니다.

"나만 이런가?"
"내가 이상한 걸까?"

그런 질문들이 저를 고립시켰고, 어느 순간부터는 스스로를 탓하는 데 익숙해져 있었습니다.

그러나 비슷한 사람들끼리 특히 여성 목회자들과의 내면에서 나오는 목소리를 들었습니다. 그 목소리들은 저와 닮아 있었습니다. 비슷한 경험, 비슷한 감정, 비슷한 침묵 속에 살아온 사람들이 조심스레 말을 꺼냈고, 그 이야기를 들으며 저는 비로소 알게 되었습니다.

"나만 그런 게 아니었구나."

여성 목사님들과 말하는 '연대'는 단순한 위로나 공감 그 이상입니다. 그것은 "당신 잘못이 아니에요"라는 문장을 함께 외쳐주는 목소리이고, "당신은 말할 자격이 있어요"라고 서로 확인해주는 눈빛입니다.

그 연대는 고립 속에서 움츠러들던 저의 목소리를 다시 끌어올렸고, 상처받은 경험이 더 이상 '부끄러운 비밀'이 아니라 공유되고 지지받는 이야기가 되게 했습니다. 무엇보다 중요한 것은, 지속 가능한 변화는 혼자서는 어렵다는 사실이었습니다.

내가 아무리 깨달음을 얻고, 용기를 내어 변화하려 해도, 그 변화를 지속시키기 위해서는 함께 나아갈 누군가의 존재가 필요했습니다. 저는 이제 알게 되었습니다. 함께 울고, 함께 분노하고, 함께 웃는 경험이 얼마나 강력한 치유의 힘을 만들어내는지를.

이 연대는 완벽할 필요도 없고, 거창할 필요도 없습니다. 단지 서로를 믿고, 서로를 기다려주며, 각자의 속도로 나아갈 수 있도록 옆에 있어주는 것. 그것이 혼자 살아온 시간을 넘어서는 회복의 시작이자, 서로가 서로의 거울이 되어주는 관계의 힘입니다.

이제 저는 혼자 싸우지 않습니다. 제가 말하면, 누군가는 그 말에 고개를 끄덕여 줄 것입니다. 제가 흔들릴 때, 누군가는 "괜찮아, 여기 있어"라고 말해줄 것입니다. 그 연대는 저를 일으켜 세우고, 더 오래, 더 멀리, 더 단단하게 변화하도록 지탱해 줍니다.

지속가능한 변화는 관계 안에서 자랍니다. 그 변화는 어느 날 갑자기 일어나지 않습니다. 하지만 함께할 때, 반드시 일어납니다. 하지만 변화의 길은 항상 순탄하지 않습니다. 때로는 예전 패턴으로 되돌아가려는 유혹을 느끼기도 하고, 새로운 방식이 어색하여 포기하고 싶을 때도 있습니다. 목회자로서 상담 사역을 하며 저는 많은 분들이 이런 질문을 하시는 것을 들었습니다.

"상담받고 잠깐 좋아지는 것 같았는데, 왜 다시 예전으로 돌아가는 것 같죠?"

변화에는 단계가 있습니다. 인식 → 각성 → 실험 → 정착 → 성숙의 과정을 거치며, 각 단계마다 다른 어려움과 과제가 기다리고 있습니다. 인식 단계에서는 "아, 내가 이런 패턴으로 살아왔구나" 하는 깨달음이 옵니다. 하지만 아직 어떻게 바꿔야 할지는 막막합니다.

각성 단계에서는 변화의 필요성을 절실히 느끼지만, 구체적 방법을 모르거나 용기가 부족해 망설입니다. 실험 단계에서는 새로운 방식을 시도해보지만 실수와 시행착오가 반복됩니다. 이때 가장 포기하기 쉽습니다. 정착 단계에서는 새로운 패턴이 어느 정도 자리 잡지만, 스트레스가 심하면 예전으로 되돌아가려는 충동을 느낍니다. 성숙 단계에 이르러서야 비로소 새로운 방식이 자연스러워지고, 예전 패턴으로 돌아가려는 순간을 알아차려 의식적으로 멈출 수 있게 됩니다.

메타인지의 힘

저 역시 지금도 여전히 어머니의 그림자와 마주할 때가 있습니다. 스트레스가 심할 때면 예전의 '착한 딸' 모드로 돌아가려는 충동을 느끼기도 합니다. 하지만 이제는 그 순간을 알아차릴 수 있고, "아, 지금 내가 예전 패턴으로 가고 있구나" 하고 의식적으로 멈출 수 있게 되었습니다. 이것이 바로 '메타인지'의 힘입니다. 내가 무엇을 하고 있는지 아는 것, 내 감정과 행동을 관찰할 수 있는 또 다른 나를 키우는 것입니다. 이 능력이 생기면 변화는 훨씬 지속 가능해집니다.

일상의 작은 실천들

지속가능한 변화를 위한 저만의 실천법들을 공유합니다:

- 매일 저녁 3분 점검:

"오늘 나는 어떤 순간에 예전 패턴으로 돌아갔나? 어떤 순간에 새로운 방식을 선택했나?"

- 월 단위 성장 일기:

한 달에 한 번씩 변화의 지점들을 기록하고, 다음 달의 작은 목표를 세웁니다.

- 지지체계 점검:

나의 변화를 응원해주는 사람들과 정기적으로 만나 서로의 성장을 격려합니다.

- 자기 연민 연습:

실패했을 때 자책하지 않고, "그럴 수 있어, 다시 시도하면 돼"라고 스스로를 다독입니다.

다시 쓴 나의 이야기
- 새로운 삶의 주인공 되기
/ "이제는 내가 말한다"는 선언

저는 오랫동안 남이 써준 이야기 속에서 살아왔습니다.

"넌 참 착하구나"
"넌 원래 참을성이 많잖아"
"그건 네 탓이 아니겠어?"
"너는 목사라며 상담사라며"

그 말들이 마치 제 삶을 설명해주는 진실처럼 느껴졌고, 저는 의심 없이 그 틀 안에 제 존재를 가뒀습니다.

그러나 그 이야기 속의 저는 언제나 조연이었습니다. 상황에 휘둘리고, 타인의 욕구에 맞춰 움직이며, 스스로를 조용히 지워나가던 사람. 그런 제가 어느 날, 상담실 안에서 처음으로 조용히 속삭였습니다.

"그 이야기는 제 이야기가 아니에요."

이젠 저는 그렇게 살 수 없어요. 그 한마디는 저를 완전히 바꾸어 놓았습니다.

여성주의 상담은 제게 '자기서사'를 되찾는 여정을 열어주었습니다. 과거의 경험을 다시 돌아보되, 타인의 눈이 아닌 나의 시선으로 바라보는 일. 그동안 "나 때문이야"라고 정리해버린 사건들이, 사실은 구조적 억압과 반복된 침묵에서 비롯된 것임을 깨닫게 되었을 때, 저는 처음으로 제 인생의 진짜 맥락을 보기 시작했습니다. 자전적 재서사화란, 과거를 지우는 것이 아닙니다. 오히려 그 과거를 '다시 말하는 일'입니다.

슬픔은 그대로 두되, 그 슬픔을 감춘 내가 얼마나 강인했는지를 말하는 것. 상처는 숨기지 않되, 그 상처를 안고도 걸어온 나의 발걸음을 존중하는 것. 그렇게 저는 제 이야기를, 타인의 시선이 아니라 제 언어로 다시 쓰기 시작했습니다.

이제 저는 더 이상 피해자로만 남아 있지 않습니다. 저는 주체로서 말하는 사람, 자기 삶의 의미를 스스로 구성하는 사람이 되었습니다. 이 여정의 끝에서 저는 분명하게 말할 수 있습니다.

"이제는 내가 말한다. 내 인생은, 나의 이야기다."

그 말은 선언이자 시작입니다. 이제 저는 타인의 틀 속에서 나를 설명하지 않습니다. 대신, 저는 저의 서사를 스스로 써 내려갑니다. 때론 흔들리고, 때론 멈춰 설지라도 그 서사의 주인공은, 언제나 저 자신입니다.

새로운 정체성으로 살아가기

이제 저는 새로운 정체성으로 살아갑니다. 'K-장녀'라는 이름에 갇혀 있던 제가 아니라, '하나님의 딸이자, 나 자신을 사랑할 줄 아는 여성'으로서 말입니다. 목회자로서 저는 이제 다른 방식으로 사람들을 만납니다. 예전에는 "목사니까 당연히 희생해야지"라며 제 감정을 억눌렀다면, 이제는 "목사이기 때문에 더욱 건강해야 한다"고 생각합니다.

제가 치유되지 않으면 다른 사람의 치유를 도울 수 없나는 것을 알기 때문입니다. 혹시 당신도 사회적 책임감이 강하신 분이십니까? 그렇기 때문에 더 자신을 돌보지 않고 자신을 방치합니까?

상담을 받는 분들에게도 이제 다르게 말합니다. "괜찮아지셔야 해요"가 아니라 "지금 이대로도 충분히 소중한 분이에요. 그리고 더 행복해질 자격이 있어요"라고 말합니다. 제가 먼저 그 진리를 체험했기 때문입니다.

Before & After 비교표

나의 변화 기록

구분	예전의 나	지금의 나	앞으로의 나
대화	침묵, 순응	경청 후 의견 표현	당당한 소통
관계	희생, 맞춤	경계 설정	상호 존중
선택	타인 기준	내 기준 탐색	확신 있는 선택

단계별 실천 계획: 30일 변화 챌린지

- 1-10일: 목소리 찾기 (감정 인식 연습)
- 11-20일: 관계 재정립 (경계 설정 연습)
- 21-30일: 새로운 선택 (주체적 결정 연습)

【상담 성공 사례】"나는 평생 착한 딸로만 살 줄 알았어요"

1. 내담자 배경

　김OO 씨, 48세. 결혼 20년 차의 전업주부이자 두 아이의 엄마다. 어릴 적부터 "착한 딸", "조용한 아이"로 자랐고,

결혼 후에도 갈등을 피하며 남편과 시부모의 기대에 맞춰 살아왔다. 누군가가 불편한 말을 해도 "괜찮아요"라며 넘기는 게 습관이 되었고, 자신이 뭘 원하는지, 뭘 느끼는지도 점점 모르게 되었다.

2. 문제제기

그녀는 상담실 문을 열며, 조용히 이렇게 말했다. "어느 날, 식탁에 앉아 있는데 남편이 제게 뭐라고 말을 했는데… 그 말이 그렇게까지 큰 일도 아니었거든요? 근데 눈물이 뚝 떨어졌어요. 그때 처음으로 '내가 왜 이러지?' 싶었어요." 그 눈물은 단지 남편의 말 때문만은 아니었다. 오랫동안 쌓인 "말하지 못한 감정들"이, 작은 틈을 타 터져 나온 것이었다. 그녀는 자신을 "투명 인간처럼 사라져버린 기분"이라고 표현했다.

3. 상담 과정

상담 초반, 김00 씨는 "내가 힘들다고 말하는 건 이기적인 거 아닌가요?"라고 되물었다. '참는 게 미덕'이라고 배워 온 그녀에게, 자신의 감정을 말하는 일은 죄책감으로 다가

왔다. 상담자는 그녀가 감정에 이름을 붙이고, 자신의 '진짜 마음'을 글로 써보게 했다. 작은 연습부터 시작했다.
"내가 오늘 기분이 어떤지" 한 줄 일기 쓰기
"괜찮아요" 대신, "지금은 좀 힘들어요"라고 말해보기
가족과의 일상에서 짧게나마 본인의 감정을 언급해보기
처음엔 "이걸 말해도 되나?" 망설였지만, 그녀는 점점 자신을 허락해가기 시작했다.

4. 전환점

어느 날, 김00 씨는 이런 경험을 이야기했다. "주말에 남편이 또 갑자기 '오늘은 엄마 집 가자'고 하더라고요. 전 원래라면 그냥 알겠다고 따라갔을 텐데… 그날은 조용히, '오늘은 나 좀 쉬고 싶어요'라고 말했어요. 남편이 순간 멈칫하더니, '그래, 그럴 수도 있지' 하더라고요."
그 순간, 김00 씨는 처음으로 '내 감정을 말해도 괜찮다'는 경험을 했다고 했다. 그래도 세상이 무너지지 않았고, 오히려 자신이 존재감을 느꼈다고 했다.

5. 변화된 내담자의 멘트

3개월 후, 김00 씨는 상담실에서 환하게 웃으며 말했다. "이제는 '착한 사람'보다는, '내 마음을 아는 사람'이 되고 싶어요. 말을 한다고 해서 다 해결되진 않지만, 적어도 이제는 나를 배신하지 않는 방법을 배우고 있어요." "이제 제 감정도 저한테 중요한 사람이에요. 그리고… 저, 목소리가 생겼어요." 이 이야기는 단지 한 여성의 회복이 아니라, 수많은 '말하지 못한 감정들'을 안고 살아온 이들에게 보내는 메시지입니다. "당신에게도 목소리가 있습니다. 그리고 그 목소리는, 당신의 삶을 다시 쓰기 시작할 열쇠입니다."

【적용】

1. 나의 가치관 찾기 질문지

각 질문에 대해 자유롭게 생각을 정리하거나 적어보세요. 반복되는 주제나 강하게 반응하는 답변에서 당신의 핵심 가치가 드러납니다.

1) 감정이 반응하는 순간
- 최근 화가 났던 상황은 어떤 일이었나요?
  → 왜 그 일이 나를 불편하게 만들었을까요?
- 감동 받거나 울컥했던 순간이 있다면 언제였나요?
  → 그 상황에서 내가 소중하게 여긴 가치는 무엇이었을까요?

2) 인생의 선택과 행동
- 내가 인생에서 가장 잘한 선택은 무엇인가요?
  → 그 선택에는 어떤 가치가 반영되어 있었나요?
- 가장 후회하는 결정은 무엇이었나요?
  → 어떤 가치를 무시하거나 놓쳤기 때문일까요?

3) 타인과의 관계에서
- 나는 어떤 사람에게 끌리고, 어떤 사람에게 거부감을 느끼나요?
  → 그 차이는 어떤 가치관의 차이에서 오는 걸까요?

- 타인에게 나를 어떻게 기억해주길 바라나요?
  → 그 바람은 내가 소중히 여기는 무엇에서 비롯되었나요?

4) 일과 삶에서

- 내가 하는 일(또는 하고 싶은 일)에서 가장 중요하게 생각하는 것은?
  → 돈, 안정성, 자유, 창의성, 의미 중 어떤 것에 가장 가깝나요?
- 하루 중 가장 보람을 느낄 때는 언제인가요?
  → 그 순간은 어떤 나의 가치를 만족시켜주고 있었을까요?

5) 삶의 큰 그림

- 삶에서 정말 중요하다고 믿는 3가지는 무엇인가요?
  → 예: 진실성, 사랑, 자유, 기여, 성장, 정의 등
- 내가 삶을 마감할 때, 어떤 사람으로 기억되길 바라나요?
  → 그 기억은 나의 어떤 핵심 가치를 보여주고 있나요?

6) 결론

- 내가 반복적으로 중요하게 여기는 말 또는 감정은?
  → (예: "진심", "책임", "자유", "안정" 등)
- 나의 Top 5 핵심 가치를 적어보세요.
  → (   )

2. 일상 속 선택 연습법

1) 나의 감정을 신호로 삼기"

- 방법: 어떤 선택 앞에서 불편하거나 꺼려지는 감정이 들 때, 그 감정에 잠시 멈춰서 묻습니다.
  "지금 이 감정은 나의 어떤 가치와 부딪히고 있는가?"
- 효과: 감정은 내가 지키고 싶은 가치가 침해당할 때 나타납니다. 감정을 나침반 삼아 선택하면 후회가 줄어듭니다.

2) '예' 또는 '아니오'를 내면과 상의하기"

- 방법: 부탁을 받거나 결정을 내려야 할 때 즉시 반응하지 않고, 스스로에게 이렇게 질문합니다. "이 선택은 나답고 건강한 방향인가?"
  "이건 나를 위한 '예'인가, 남을 위한 '예'인가?"
- 효과: 타인의 기대나 습관이 아니라, 자신의 가치에 따라 말하고 행동하는 연습이 됩니다.

3) "선택 후 되돌아보기 루틴"

- 방법: 하루에 하나씩 "오늘의 선택 중 잘한 것 / 후회한 것"을 적어봅니다.
  → 그 선택에 어떤 가치가 있었는지 기록해 보세요.
- 효과: 반복을 통해 내 선택의 패턴을 알고, 점점 '나다운 선택'을 할 수 있는 힘이 길러집니다.

3. 변화 추적 다이어리

이 다이어리는 당신의 감정, 선택, 관계, 성장을 추적하는 데 도움을 주기 위해 설계되었습니다.

1) 주간 목표 설정 (Weekly Intention)
- 이번 주 내가 바꾸고 싶은 한 가지는? 예: 감정 표현을 더 솔직하게 하기, 거절 연습하기, 운동 습관 만들기 등
- 이 변화가 나에게 중요한 이유는?

2) 매일 기록 (Daily Tracker)

날짜	오늘의 기분 (한 단어)	변화 실천한 한 가지	나 자신에게 한 마디
월			
화			
수			
목			
금			
토			
일			

3) 주간 리플렉션 (Weekly Reflection)
- 이번 주 변화 과정에서 가장 힘들었던 순간은?
- 그때 나는 어떤 감정을 느꼈고, 어떻게 반응했는가?
- 스스로 칭찬하고 싶은 부분은?
- 다음 주 더 시도해보고 싶은 변화는?

4) 보너스: 월말 요약

한 달이 지나고 나면 이런 질문으로 정리해보세요.
- 가장 자주 반복된 감정은 무엇이었나?
- 가장 많이 실천한 변화는?
- 나에게 작지만 의미 있었던 한 줄 변화는?

마무리 하며

저는 지금까지 삶의 상처, 특히 'K-장녀'라는 이름으로 짊어진 무게와 복잡한 모녀 관계 속에서 겪었던 아픔들에 대해 솔직하게 이야기 나누었습니다. 억압된 감정들, 희생과 책임감, 그리고 그 이면에 숨어 있던 외로움과 깊은 상처가 저의 내면을 어떻게 짓눌러 왔는지, 함께 마주보며 걸어왔습니다.

때로는 너무 아파서 외면하고 싶고, 때로는 너무 오래되어 무엇이 문제였는지조차 흐릿해지는 순간들이 있었습니다. 하지만 상처를 마주할 용기를 낼 때, 우리는 예상치 못한 곳에서 치유와 성장의 빛을 발견하게 됩니다.

저는 지금도 여전히 그 길을 걷고 있습니다. 해결되지 않은 과제들이 저를 붙잡고 있고, 아직도 내면 깊은 곳에서는 치유가 완성되지 않은 상태로 남아 있습니다. 그러나 저는 이 과정을 '미완의 여정'이라 부르고 싶습니다. 그리고 이 여정 자체가 치유의 한 방식임을 믿습니다.

최근 저는 제 삶에서 가장 깊은 상처 중 하나였던 아버지와의 관계 안에서, 놀라운 치유의 문을 열어가는 경험을 하고 있습니다. 요양원에 계신 아버지를 매주 찾아뵙는 시간, 그 한 시간 동안 저는 설명할 수 없는 평안과 감사함을 느낍니다. 눈을 맞추고 손을 잡는 그 순간들 속에서, 저는 하나님께서 허락하신 치유의 방식을 체험하고 있습니다.

아버지는 지금 치매 중증 상태이시고, 이제는 저를 알아보지 못하시며 지금 계신 곳이 한국인지 외국인지조차 혼동하시고 이제는 더 중증으로 듣기만 하시도록 만들어 놓았습니다. 그 자리에 계신 아버지를 마주할 때마다 저는 어머니와도 함께 있는 듯한 깊은 위안을 느꼈습니다. 아버지와 이별의 연습을 해야 하는데 그 과정이 참 어렵기만 합니다. 수많은 장벽 안에 쌓여진 돌무덤 같은 인간의 완악함이 결국 이 땅 위의 척박함을 보여주는 듯 했습니다. 아버지는 결국 지난 8월 11일 모든 것을 내려놓으시고 새털같이 가볍고 깨끗한 모습으로 생을 마감하셨습니다.

그러나 천국에 계신 어머니와 나누지 못했던 사랑을, 이제는 아버지가 조금이라도 주고 계십니다. 아직 미완성의 과제이지만, 그 과제와 마주하고 그 고통으로부터 나를 분리해내는 과정 자체가 회복의 길임을 받아들이게 되었습니다. 이 여정은 너무나 고통스럽고 외로운 시간이지만, 동시에 저를 더 온전한 사람으로, 성숙을 넘어 '완숙'으로 이끄는 길임을 믿습니다.

이 모든 과정 속에서 저는 결국 '이마고^{imago}' 어릴 적 부모와의 관계에서 형성된 내면의 이미지-가 제 인생 전반에 얼마나 큰 영향을 미쳤는지를 깊이 깨달았습니다. 그것은 관계의 방식, 가족의 모형, 나 자신의 존재 방식에 이르기까지 모든 것을 구성해온 보이지 않는 설계도였습니다. 하지만 이제 저는 그 설계도를 처음으로 다시 바라보고 있습니다. 완전한 해답을 얻은 것은 아니지만, 더 이상 그 안에 머물지 않고 현재 나의 삶을 바로 세우려 합니다.

이 책은 그런 미완의 여정을 기록한 이야기입니다. 완성되지 않았기에 오히려 더 진실한 치유의 시간들이 이 안에 담겨 있습니다. 당신도 당신만의 상처와 싸우고 있다면, 지금도 여전히 걸어가고 있다면, 부디 이 책이 그 길 위에서 함께 걸어가는 따뜻한 동반자가 되어드릴 수 있기를 바랍니다.

미완의 여정에 대한 다짐

여전히 완성되지 않은 부분들이 있습니다. 부모님께서 만들어 놓으신 강한 남아 선호사상이 결과적으로 두 아들들이 아버지를 모시는 모든 과정 속에 서 아직 풀리지 않은 매듭을 차마 바라볼 수가 없습니다. 예전 감정의 그림자들, 완전히 용서하지 못한 상처들. 하지만 이제는 그것들을 문제로 보지 않기도 했습니다. 그것들은 제가 여전히 성장시키고 있다는 증거이고, 삶이 계속되고 있다는 신호입니다.

하나님께서는 완성된 사람만 사용하시는 것이 아니라, 깨어지고 치유되어가는 과정 속에 있는 사람도 귀하게 사용하신다는 것을 저는 배웠습니다. 제 상처가 누군가의 상처를 어루만지고, 제 회복이 누군가의 희망이 될 수 있다면, 이 모든 아픔도 의미가 있었다고 생각합니다.

독자들에게 보내는 마지막 인사

여러분께도 말씀드리고 싶습니다. 당신의 상처는 당신의 전부가 아닙니다. 당신이 지금까지 견뎌온 그 모든 시간들이 당신을 더 깊어지고, 아름다운 사람으로 만들어가고 있습니다. 완벽한 치유를 기다리지 마세요. 미완의 여정 속에서도 우리는 충분히 아름답고 가치 있는 존재입니다. 그리고 그 여정 자체가 바로 우리의 이야기, 우리의 작품입니다.

특히 K-장녀로 살아온 분들께 말씀드립니다. 이제는 누군가의 기대를 위해 사는 것이 아니라, 당신 자신의 기쁨을 위해 사세요. 당신이 행복할 때, 주변 사람들도 진짜 행복을 느낄 수 있습니다. 희생이 사랑의 증명이 아니라는 것을, 건강한 자기 사랑이야말로 진정한 사랑의 시작이라는 것을 기억해 주세요.

이제 저는 매일 아침 거울 앞에서 저 자신에게 이렇게 말합니다.

"오늘도 수고했고, 내일도 수고할 너를 미리 응원해. 너는 정말 잘하고 있어. 그래, 수고했어."

당신도 오늘, 당신 자신에게 그 말을 건네보시기를 바랍니다. 그리고 함께 걸어가요. 이 아름다운 미완의 여정을, 우리 함께 걸어가요.

참고 문헌

- 릭 브라운 저/ 오제은 역(2009), 『이마고 부부관계치료 이론과 실제』, 학지사

- 크리스티 코자드 뉴거 엮음/ 정석환 역(2002), 『목회의 새로운 패러다임』, 한들출판사

- 이근후 지음/ 김선경 엮음(2023), 『나는 죽을 때까지 재미있게 살고 싶다』, 갤리온

- 오드리 로드(Audre Lorde) 저/ 주해연, 박미선 역(2018), 『Sister Outsider』, 후마니타스.

- 김소연 저(2009), 『눈물이라는 뼈』, 문학과 지성사

- 브레네 브라운 저/ 박준 역(2013), 『마음 가면을 벗다』, 심오출판사

- 수전 데이비드(Susan David) 저/ 김지연 역(2018), 『감정 민첩성』, 비즈니스 북스

- 버지니아 사티어저/ 김정호 역(1993), 『사람만들기』, 학지사.

- 루이즈 헤이(Louise Hay)저/ 박정길 역(2007), 『당신의 삶 치유할 수 있다』, 나들목

- 칼 구스타프 융 저/ 김영미등 역(1998),『원형과 집단 무의식』, 융심리학연구소.

- Esther Perel 저(2006),『Mating in Captivity: Unlocking Erotic Intelligence』, Harper

- 하빌 헨드릭스 저(2007), 『내가 원하는 사랑을 얻는 법』(Getting the Love You Want: A Guide for Couples, 20주년 기념판)

- 윌리엄 포크너 저(1951), 『수녀를 위한 진혼곡』, Random House.

- 오프라 윈프리(2016),『내가 확실히 아는 것들』(What I Know for Sure), Puk Haus

- 로버트 제임스 월러 저(1992),『매디슨 카운티의 다리』, Warner Books, Inc.

- 브레네 브라운 저(2012),『완벽하지 않아서 용기 있다』Gotham Books

- 칼 구스타프 융 저 / 조성기 역(2007),『기억 꿈 사색』, 김영사

- 미치 앨 봄 저/ 공경희 역(1998),『모리와 함께 한 화요일』, 세종서적

- https://blog.naver.com/junghwach/223913301886

- https://chatgpt.com/share/68600365-cb60-800b-b87c-3f0542dc0760

그래, 수고했어 : 이제야 나를 이해하려 합니다

발행일	2025년 8월 20일 초판 1쇄
지은이	최정화
펴낸이	황준연
편집 디자인	오형석
펴낸곳	작가의 집
출판사등록	2024.2.8(제2024-9호)
주소	제주도 제주시 화삼북로 136, 102-1004
이메일	huang1234@naver.com
연락처	010-7651-0117
홈페이지	https://class.authorshouse.net
ISBN	979-11-94947-22-6(13180)

· 이 책은 저작권법에 의하여 보호를 받는 저작물이므로
  무단 전재와 복제를 금합니다.
· 파본은 구입하신 서점에서 교환해드립니다.